Bilder aus Hong Kong

Fotos: Karl Johaentges

Text: Marieanne + Erich Follath

KaJo

Stürtz

Die Deutsche Bibliothek – CIP-Einheitsaufnahme

Bilder aus Hongkong / Fotos : Karl Johaentges.
Text: Marieanne Follath und Erich Follath. –
Würzburg : Stürtz, 1996
 ISBN 3-8003-0793-6
NE: Follath, Marieanne. Johaentges, Karl

Alle Rechte für **KaJo bei Stürtz** vorbehalten
© 1996 Stürtz, Würzburg

Umschlaggestaltung: Karl Johaentges, Hannover
Gestaltung und Layout: Karl Johaentges, Hannover
Karte: Liselotte Lüddecke, Hannover
Satz: types. Fotosatz, Hannover
Korrekturen: Ortrud Brinkmann, Hannover
Gertrud Kortlang, Barsinghausen

Printed in Germany
ISBN 3-8003-0793-6

Umschlagfotos:
Mädchen von der Insel Chueng Chau,
Blick von Tsimshatsui auf Wanchai
Tram in der Johnston Road, Wanchai
Wassertaxi in Tai O, Insel Lantau
Bauarbeiter auf dem Peninsula-Hotel

Leica-Foto
LUFTHANSA

Edition **KaJo bei Stürtz**, Würzburg

Inhalt

Vorwort

Um Mitternacht am 30. Juni 1997 wird Hongkong nach 99 Jahren eines erzwungenen Pachtvertrags wieder dem „Mutterland" zurückgegeben. An China, das „Reich der Mitte" mit 5000jähriger Geschichte, in der sich dieses eine Jahrhundert wie ein Atemzug ausmacht. Hongkong ist atemberaubend. Die Ansichtskarten der europäischen Metropolen und selbst die von New York sind – verglichen mit dem „Duftenden Hafen" – von beschaulicher Beständigkeit. Hier zu Füßen des Roten Drachen ändert sich die Skyline jedes Jahr. Daran hat auch die Ungewißheit über die Zukunft nach 1997 nichts geändert. Bis zuletzt gilt das Sprichwort, daß in Hongkong „Beton schneller wächst als Bambus". Bizarre Hochhäuser schießen wie Unkraut aus dem Boden und der Bambus kann die Baugeschwindigkeit von einem Stockwerk pro Woche nur in Gestalt der Baugerüste mithalten.

Als ich 1982 nach sechsmonatigem Aufenthalt in Indien in dieser Konsummetropole am Südchinesischen Meer landete, war ich mehr als geschockt. Hatte ich es doch nicht für möglich gehalten, daß die indischen Dörfer mit ihren fast archaischen Lebensformen und diese Anhäufung von High-Tech, Konsum und Luxus auf einem Planeten Platz finden könnten. Fassungslos stand ich vor grell erleuchteten Schaufenstern, zwischen Banken und Hotelpalästen, war überwältigt von den unzähligen Versprechungen und Verführungen – und der asthmatischen Enge des Wohnens in der Vertikalen. Fast 3 Millionen Menschen dieser 6-Millionen-Stadt leben heute in Trabantenstädten, die es 1976, dem Zeitpunkt meiner ersten Reise nach Hongkong, noch

nicht gab – gebaut auf neuem, aufgeschüttetem Land, das ebenfalls noch nicht existierte. Marieanne Wolny-Follath und Erich Follath kennen die Kronkolonie ebenfalls seit über 20 Jahren und haben fast 5 Jahre als Journalisten in Hongkong gelebt. Es gibt wohl nur wenige Autoren in Deutschland, die so geeignet sind, diese Stadt, ihre Geschichte und die jetzige Stimmung vor dem Machtwechsel zu beschreiben. Mit liebevollem Blick fürs Detail und politischer Weitsicht führen sie durch „ihr" Hongkong. Sie stellen Ihnen nicht nur Politiker und Herrscher über das schnelle Geld vor, sondern erzählen auch von ihren Freunden und Nachbarn: von Akupunkturärzten, genialen China-Köchen und geduldigen Taichi-Lehrern. Und sie schildern das „andere" Hongkong jenseits der Touristenzentren und Einkaufsmeilen – das der einsamen Inseln und verlassenen Dörfer.

Mir als Fotografen bleibt der Zugang in das Vergangene, in Politik und Geschichte meist versperrt. Statt dessen führe ich Sie durch den Alltag und den Betondschungel dieser faszinierenden Stadt: in die letzten traditionellen Teehäuser, zur stacheldrahtbewehrten Grenze und auf einsame Wanderwege der Insel Lantau, in High-Tech-Türme und traditionelle Tempel, in Garküchen und goldverspiegelte Luxusherbergen. Im Mittelpunkt stehen immer wieder die Bewohner dieser Stadt, die dem nahen Machtwechsel nach dem politischen „Verfallsdatum" mit sehr unterschiedlichen Gefühlen entgegensehen. Denn noch ist ungewiß, welche Rollen ihnen das Schicksal zugeteilt hat: Goldene Gans oder Suppenhuhn?   Karl Johaentges

Seit 1870 verbindet die „Star Ferry" Hongkong
Island mit Kowloon. Fahrpreis : 30 Pfennig

Blick vom Victoria Peak über den „Duftenden Hafen"

„Legislative Council", bis 1990 ein Pseudo-Parlament

Politisches Erwachen nach dem Tiananmen-Massaker

Die Perle im Maul des roten Drachen

Natürlich ist es am schönsten, sich dieser Stadt vom Meer her zu nähern, auf einem stolzen weißen Luxusschiff aus Europa, mit der klapprigen Fähre aus Kanton, in einer schaukelnden Dschunke aus Macao. Dichter Dunst liegt frühmorgens auf den Wellen, nur ab und zu durchbricht das Licht eines Fischerboots die Dämmerung über dem Süd-chinesischen Meer. Und dann reißt plötzlich die Nebelwand. Im ersten Tageslicht steigt aus dem Wasser Hongkong auf, der *Duftende Hafen* – wie eine Verhei-ßung, wie ein neues Atlantis.

Kühne Türme aus Beton, Stahl und spiegelndem Glas, granit-schwarz, silbrigglänzend, sogar in Gold recken sich dichtgedrängt gen Himmel, als wollten sie sich gegenseitig vor dem nächsten Taifun beschützen. Wohnblöcke kauern und kleben aneinander wie

Waben: Ein steinerner Spargelwald bis hinauf zum Peak, gegen dessen grüne Hügel sich vornehme weiße Villen abheben wie Lego-Spielzeug. Schon um diese frühe Stunde vibriert die Stadt: Preßluftbohrer fressen sich in Beton, ein Hochhaus wird abgeris-sen, wohl um einem neueren, noch höheren Wolkenkratzer Platz zu machen. Auf schwankendem Bambus balancieren Bauarbeiter. Unten auf der Erde türmen ihre Kollegen mit entblößten Ober-körpern an den Kais Sand und Schutt zur Landgewinnung auf; Meter um Meter wird so dem Meer abgerungen. Und die ersten Geschäftsleute strömen anzugsgrau und ameisengleich zu ihren Büros, alle schnellen Schritts, fast so wie die Jogger, die über die Uferpromenade hetzen.

Man mag, vom Meer kommend, die Vitalität ahnen, aber man kann in der salzigen Gischt Hongkong nicht riechen, den Atem dieser einmaligen Stadt. Der heißt Erfolg, heißt Rekordsucht, heißt Kapitalismus ohne Wenn und Aber – und schlägt jedem ent-gegen, der mit dem Flugzeug ankommt, noch ehe sein Jumbo in Kai Tak richtig ausgerollt ist.

Es stinkt, pflegen in diesen Momenten nach der Landung die Hongkong-Neuankömmlinge naserümpfend zu sagen und zu rätseln, ob es sich bei dem durch-dringenden Gemischen vorwie-gend um Chemiedämpfe, Autoab-gase oder chinesische Fauleier han-delt, und ob der „Duftende Hafen" wohl daher seinen Namen hat. Oder sind es die neun Drachen, die nach einer hiesigen Legende Feuer speien und Lügen spinnen, um den Fremden zu täuschen?

Die Einheimischen und wir „Hongkong-Oldtimer", die wir hier länger gelebt haben, wissen es besser: Es ist der Geruch des Gel-des, der in die Nase zieht und durch alle Ritzen dringt. Es ist die Essenz Hongkongs. „Ich möchte Ihnen mit allem Respekt wün-schen, daß Sie reich werden", sagen die Menschen hier als Neu-jahrsgruß. Sie definieren eine „gute Zeit" als solche, in der man von den Stürmen des Himmels und der Herrschenden verschont bleibt, und nicht bei der fieberhaften Beschäftigung gestört wird, Geld und Güter zu mehren. Sie suchen ihre Chance, egoistisch und ellenbogenstark, rücksichtslos gegen sich wie gegen andere. Sie sind geborene Unternehmer und gelernte Überlebenskünstler, die auf wundersame Weise konfuzianischen Familiensinn mit kapitalistischem Geschäftssinn verbinden. Und mit schlichtem, gesundem Menschenverstand. Gingen die britischen Kolonialherren in der schweißtreibenden Hitze einer Beschäftigung nach, die sie Tennis nannten, so fragten die Hongkong-Chinesen schon früher: Die haben doch Kulis, warum lassen sie die nicht die Bälle übers Netz jagen, wenn es schon sein muß?

Sie sind zäh, gerissen, hemdsärmlig und unverschämt. Als die *Gweilos*, die „fremden Teufel" an der Macht, die ersten öffentlichen Toiletten mit Klospülung einrichteten, blieben clevere Einheimische so lange auf dem Häuschen, bis sie ein „Bestechungsgeld" durch die Tür geschoben bekamen. Sie sind ein durch und durch bewundernswerter Menschenschlag, geprägt von Chinas Tradition wie Großbritanniens Rechtssystem und Verwaltung, undenkbar ohne beides: Es ist unmöglich, diese Stadt zu porträtieren, ohne eine Liebeserklärung auszusprechen an diesen besonderen „Homo Hongkongensis".

Die Chancen, gleich nach der Landung ein typisches Exemplar zu treffen, sind recht groß. Kaum ist man auf dem überfüllten Flughafen *Kai Tak* gelandet und die Luftfeuchtigkeit über einem zusammengeschlagen, so daß man noch ein wenig unschlüssig hin und hertaumelt, da hat einen schon ein Taxifahrer grußlos in seinen Wagen verfrachtet. Steckt man im Stau, wird er aller Regel nach skrupellos ausscheren, sich am Gegenverkehr vorbeidrängeln und seinen Kollegen anbrüllen, der ihn nicht wieder in die Spur lassen will: „Lern' erst mal fahren, du Lieferant von Leprascheiße!" Dann wird er seinen Gast, schnell und gegen Festpreis, und selbstverständlich wieder ohne ein Wort des Grußes, vor seinem Hotel absetzen.

Keine Freundlichkeit, aber auch kein Selbstmitleid und schon gar keine Endzeitstimmung bei der abendlichen Fahrt durch die Innenstadt von *Victoria*. Der rumpelnde Trip der Doppeldecker-Tram, mit Blick vom Oberdeck hinunter in die engen Straßen, ist eine gute Art, Hongkong den Puls zu fühlen: Auch abends sind fast alle Geschäfte noch geöffnet, überall Hektik und lebhaftes Treiben. Elektronikfreaks begutachten das neueste Computerangebot, Original oder nachgemacht, neu oder aus zweiter Hand. Alte Männer drängen sich fachsimpelnd um geschnitzte Käfige mit Kampfgrillen und Singvögeln. Kreischende Kundinnen feilschen um haarige Süßwasserkrabben und um zappelnde Garnelen. Hinter den rotgoldenen Auslagen der Restaurants glänzen fettige Enten, auf schwankenden Stangen hängt Wäsche an den Hauswänden, tropische Pflanzen krallen sich an Balkone. Hier befinden sich einige der am dichtest besiedelten Wohnviertel der Welt, fast 100 000 Menschen leben auf einem Quadratkilometer. Ohrenbetäubend plärren die CD-Spieler, die Fernsehapparate und die Videos, im Dezibel-Wettstreit mit dem Sägen, Bohren und Hämmern der Bauleute, für die immer Akkordzeit ist. Die Menschen müssen schreien, um zu kommunizieren, und nur manchmal dringen auch die leiseren Laute herauf zum Straßenbahn-Oberdeck: das Klappern der Mahjong-Steine, das Klackern der Abaki – per Hand, nicht per Solartechnik rechnen die Verkäufer hier noch oft die Preise, und das ist das Einzige, was in dieser Welt des Praktischen, Nüchternen überrascht. Aber sie tun es aus Gewohnheit, nicht aus Rührseligkeit.

Man hat in Hongkong, dem viertgrößten Bankzentrum der Welt nach New York, Tokio und London, allen Ernstes überlegt, ob man nicht per Tonband die alten Geräusche der früheren Börse auch in die neue einspielen soll, um so die „Entfremdung" der Makler in ihrem heute vergleichsweise leisen, digital gesteuerten Job zu lindern. Die Börsenaufsicht entschied sich schließlich gegen die Idee. Sie hätte in ihrer Sentimentalität nicht so recht zu diesem Ort gepaßt, dessen Sinn und Seele, Ratio und Religion, einzig und allein die Vermehrung von Geld ist.

Stadt der Superlative, Mammut-Monopoly, Kapitale des Kapitalismus: Die britische Kronkolonie Hongkong, von deren 6,2 Millionen Einwohnern 98 Prozent Chinesen sind, exportiert Waren in höherem Wert als die 900 Millionen Inder, mehr auch als Spanien oder Australien: Handelsmacht Nummer acht auf der Welt. Nach Meinung der amerikanischen *Heritage Foundation* gibt es nirgendwo so viel ökonomische Freiheiten wie hier, für das Wirtschaftsmagazin *Fortune* ist Hongkong, weit vor New York und London, die „weltbeste Stadt für Business". Die Kronkolonie scheint immer auf der Überholspur: Sie hat heute ein höheres Pro-Kopf-Einkommen als Italien und sogar als das „Mutterland" Großbritannien; die größte Rolls-Royce-Dichte; sie ist Uhrenproduzent, Elektrospielzeug-Hersteller und Textilexporteur Nummer eins; weltweit umschlagkräftigster Containerhafen; Stadt mit dem einzigen volldigitalisierten Telefonnetz – und dem höchsten Pro-Kopf-Verbrauch an französischem Cognac.

Längst steht „Made in Hongkong" nicht mehr für Billigprodukte wie Transistoren, zusammengebaut in düsteren Ausbeuterbetrieben gegen einen Hungerlohn – diese „niederen" Arbeiten werden „drüben" in China, in der Sonder-Wirtschaftszone *Shenzhen*, in der Provinz *Guangdong* oder sogar schon im besonders preisgünstigen Landesinneren der Volksrepublik erledigt. Hongkong ist Schwellenland zum Hightech, Banken-, Info- und Dienstleistungszentrum: Es produziert heute auch Computer, Glasfiber, elektronische Vorrichtungen zum Erkennen von Falschgeld. Es druckt technisch aufwendige Bücher, dreht mehr Filme als Hollywood, allerdings hauptsächlich Kung-Fu-

Action (wenngleich eine junge, vielbeachtete Avantgarde entstanden ist). Und wenn auch die Kluft zwischen Arm und Reich weiter auseinanderklafft, wenn auch das (inzwischen verbesserte) Sozialsystem immer noch völlig unzureichend ist, so dürfen die Vorteile nicht verschwiegen werden: Hongkong-Menschen zahlen wenig Steuern, die Bestverdienenden höchstens 17 Prozent ihrer Einkünfte, mehr als die Hälfte der Arbeitenden gar keine. Und sie werden von einer weitgehend korruptionsfreien Kolonialverwaltung regiert, die hier mehr kommunale Wohnungen baut als in England, die mit ihrem Laissez-faire das Scheitern nicht abfedert, aber zumindest eines bietet: Chancen für Fleißige und Innovationsbereite.

Sechs Millionen Chinesen haben so auf einem unfruchtbaren Eiland, auch mit dem dazugehörigen „Hinterland" von *Kowloon* und den *New Territories* nur wenig größer als 1000 Quadratkilometer, eine der erstaunlichsten Erfolgsgeschichten der Menschheit vollbracht. Sechs Millionen erwirtschaften ein gutes Viertel dessen, was 1200 Millionen jenseits der Grenze schaffen, in der riesigen Volksrepublik China.

Ein Wunder auf geborgtem Platz, in geborgter Zeit: Am 1. Juli 1997 endet vertragsgemäß die Kolonialzeit. Der *Union Jack* wird eingeholt, die Volksbefreiungsarmee darf einrücken, London übergibt an Peking – die Perle verschwindet im Maul des roten Drachen, und soll doch weiter „ein hohes Maß an Autonomie" als Sonderverwaltungsregion behalten. 50 Jahre lang werden Hongkong, von der Landmasse abgetrennt durch Stacheldraht und innerchinesische Grenzposten, seine Freiheiten des Wirtschaftens und sein kapitalistischer Lebensstil garantiert. „Ein Land, zwei Systeme", verspricht der greise Deng Xiaoping in Absprache mit der britischen Krone – ein gigantisches, nie dagewesenes Experiment.

Kann ein solches am Schreibtisch entworfenes Konzept in der Praxis funktionieren? Sind die alten Herren in Peking, darunter noch manche Marxisten-Senilisten und alte Bauernkrieger, mit dieser High-Tech-World nicht überfordert? Wie soll ein neuer Besitzer, geübt nur im Bedienen von Dampfwalzen (und Panzern), denn plötzlich eine Luxuslimousine chauffieren?

Die Uhr tickt. Nur im Falle, daß jemand das Übergabedatum vergessen sollte, stellten die Pekinger Machthaber in ihrer Hauptstadt und an zwei besonders auffälligen Stellen des jetzigen Grenzübergangs zu Shenzhen riesige Uhren auf: Sie zählen sekundengenau, wie lange es noch bis zum Tag X ist. Im August 1996 begannen die Briten, ihre ersten Regimenter aus der Kronkolonie zurückzuziehen, die militärische Präsenz auszudünnen. Die Queen verschwand von den Briefmarken, zum 1. Januar 1997 wird sie auch von den Münzen verbannt – eine Königin ersetzt durch eine Tropenblume, die Bauhinia. Der *Royal Hongkong Jockey Club*, eine ruhmreiche Säule der Macht in der Kronkolonie, strich das „Royal" aus dem Namen. Alle Türen gingen auf für Peking und seinen Propagandafilmer Xie Jin, dem viele Hongkonger Geschäftsleute in vorauseilendem Gehorsam die Finanzierung seines Streifens anboten (und zurückgewiesen wurden): „Der erste Opiumkrieg" soll pünktlich zum 1. Juli 1997 in alle Festlands- und Hongkongkinos kommen. „Wir müssen erklären, wie es mit Hongkong so gekommen ist", sagte der Regisseur. „Wir haben dringenden Aufklärungsbedarf".

Würde aus dem Film eine historisch objektive Untersuchung, dann kämen beide Seiten nicht gut weg.

Die Gegend um Hongkong mit ihren 235 Felsen und Inseln, mit den „Neun Drachen", der Bergkette von *Kowloon* und dem dahinterliegenden Festland, kannte vor der britischen Zeit keine

Niederlassung, die größer als ein Marktflecken war. Es gab keine Bodenschätze, für den Ackerbau war die Region größtenteils ungeeignet, heftige Taifune wüteten und die Bewohner wurden durch Krankheiten wie Malaria, Cholera und Beulenpest dezimiert. So kümmerten sich nur Piraten um die günstigen Schlupfwinkel – und einige Familien, die vor den Freibeutern in Bootskolonien flohen oder ihre kleinen Dörfer mit Mauern umschlossen.

Guangzhou (Kanton) war die nächstgrößere Stadt, ein südlicher Haupthafen des Reichs der Mitte, der jahrhundertelang Kontakt mit Indien und Arabien pflegte.

Seit dem 16. Jahrhundert, als die Portugiesen – mit chinesischer Einwilligung – ihre Handelskolonie *Macao* am Westufer der Mündung des Perlflusses gründeten, stand die Region dann auch in Kontakt mit Europa. Und bald träumten alle Völker des alten Kontinents davon, an den märchenhaften Reichtümern Chinas zu partizipieren, am hartnäckigsten und bald auch am erfolgreichsten die Briten. Die Beamten des Drachenkaisers behandelten die Fremden bestenfalls herablassend und gönnerhaft, im schlimmsten Fall mit ritueller Verachtung, setzten sie Teufel und Dämonen gleich. Kennzeichnend ist, was der Quianlong-Kaiser 1797 an den britischen König George III. schrieb: „Wir haben keine Verwendung für die Erzeugnisse Eures Landes, kein Interesse an Euren Erfindungen. Wir besitzen alle Dinge".

So wurde der Handel einseitig: Die Schiffe der *East Indian Company* aus britischen Häfen reisten fast nur mit Silber- und Goldbarren nach Fernost, um Seide, Porzellan, und vor allem riesige Mengen Tee zu laden. Die Wende kam um 1820: Die cleveren Händler von Britanniens Küsten – ebenso teesüchtig wie seetüchtig – hatten doch einen Stoff gefunden, den man den Chinesen verkaufen konnte, allerdings hatte man ihre Sucht dafür erst mit Billigangeboten fördern und sie abhängig machen müssen: Opium. Der Westen wurde zum übermächtigen Dealer, schaffte das Rauschgift aus seinen indischen Besitzungen tonnenweise ins Reich der Mitte, wo es offiziell verboten war, aber von den gehobenen Kreisen dennoch bald in großen Mengen konsumiert wurde. Opium wurde die wichtigste Handelsware des britischen Empire, und auch ein Symptom für die schicksalhafte Konfrontation zweier Weltreiche: Auf der einen Seite die skrupellosen, aggressiven, auf Expansion setzenden Briten, auf der anderen Seite die in Lethargie erstarrten, konservativen, korruptionsanfälligen Chinesen. Es war eine Konfrontation, die nur einen Sieger haben konnte.

Fast rührend mutet an, was Lin Zexu, der Abgesandte des Kaisers in Peking, 1838 an Königin Victoria schrieb: „Der Reichtum Chinas dient den Barbaren als Profit. Wo ist Euer Gewissen? Ich habe gehört, daß das Rauchen von Opium in Eurem Land streng verboten ist. Warum laßt Ihr es zu, daß es weitergegeben wird zum Schaden anderer Völker?" In London wurde der verzweifelte Appell nicht einmal zur Kenntnis genommen. Lin sah sich zum Handeln gezwungen: Er ließ über 20 000 Kisten mit Drogen, den gesamten Vorrat der britischen Händler, auf einen Schlag vernichten. Nach einer weiteren Provokation schlug Kapitän Charles Elliot von der Königlich-Britischen Marine zurück und feuerte in einer Strafaktion auf chinesische Kriegsdschunken. Im Januar 1841 mußten sich die geschwächten Chinesen den Waffenstillstandsbedingungen ihres Gegners unterwerfen.

Elliot war keiner der ganz schlimmen Scharfmacher: Er suchte, ohne von London dazu ermächtigt worden zu sein, lediglich nach einer territorialen Basis, von der aus britische Händler ihre Geschäfte mit China abwickeln konnten. Er entschied sich für

den „Duftenden Hafen" Hongkong. Marinetruppen landeten am 26. Januar 1841 an der nordwestlichen Küste (im heutigen Westend) und hißten den *Union Jack*. Ihnen folgten nur wenige Stunden später William Jardine, James Matheson und andere schottische Kaufleute, die ihre Geschäfte bisher nur von Guangzhou aus verfolgten. Sie wurden die ersten Tai-Pans, die ersten Gründer der *Hongs*, der Hongkonger Handelshäuser, deren Spuren bis in die Gegenwart reichen.

Wenn Captain Elliot Dank aus London erwartet hatte, wurde er bitter enttäuscht. Außenminister Lord Palmerston fand, daß er den britischen Sieg zu weit umfassenderen Landnahmen hätte nutzen sollen, und erteilte einen strengen Verweis: „Sie haben (nur) die Abtretung von Hongkong erreicht, einer öden Insel, auf der es kaum ein Haus gibt". Noch bevor Elliots Rechtfertigungsschreiben London erreichte, entließ ihn das Kabinett; er wurde aus dem Südchinesischen Meer fortgejagt in eine obskure, neue britische Besitzung, in der er als Geschäftsträger „nicht mehr so viel Unsinn anstellen konnte", nach Texas. Nachfolger Sir Henry Pottinger gelang es ein Jahr später, den Deal mit den Chinesen im Vertrag von *Nanjing* noch zu versüßen. Die Briten erhielten jetzt sogar noch Entschädigung für das zerstörte Opium und erzwangen die Öffnung von fünf Häfen für ihren Handel, unter anderem *Guangzhou*. Pottinger wurde am 26. Juni 1843 der erste Gouverneur der nun auch formell besiegelten britischen Kronkolonie Hongkong.

Zweimal noch biß dann der britische Löwe kleine Happen aus dem Hinterteil des riesigen, aber so sehr geschwächten chinesischen Drachens: 1860 preßten die Kolonialherren den Mandschus die Südspitze der Halbinsel *Kowloon* ab, 1898 erwarben sie ein größeres Stück Land dahinter: die *New Territories*. Die Briten hatten erkannt, daß sie dieses Agrargebiet als Trinkwasser-, Gemüse- und Fleischreservoir für ihre – sehr langsam – aufblühende Siedlung auf der Insel brauchen würden. Diesmal forderten sie nicht die direkte Abtretung, sie begnügten sich mit der Pacht für einen Zeitraum von 99 Jahren. Auslaufdatum: 1. Juli 1997.

Die Chinesen sahen schon damals die drei Verträge als „ungleich", als Diktat, und beurteilen sie bis heute als schreiende Ungerechtigkeit. Auch William Gladstone, 1843 britischer Oppositionsführer, stimmte dieser Interpretation zu, als er bemerkte, das Hissen der britischen Fahne über Hongkong habe nur einem Zweck gedient: „dem Schutz eines schändlichen Handels". Doch Anfang des 20. Jahrhunderts sah es dann eher so aus, als hätten sich die habgierigen Briten mit ihrer Kronkolonie am Perlfluß verschätzt; der Handel mit Opium wurde mit den chinesischen Wirren immer uninteressanter, auch wurde China zum Selbstversorger mit dem teuflischen Stoff. Und auch der Tee nahm als Handelsware an Bedeutung ab, Shanghai

entwickelte sich an der Mündung des Yangtse zum lebhafteren Umschlagplatz. Der *Duftende Hafen* dümpelte in den Zwanzigern und Dreißigern so vor sich hin – von Weltstadt keine Spur. Es bedurfte der Weitsicht einer Unternehmerfamilie, damit Hongkong wenigstens ein Hotel von internationalem Ruf bekam.

Nichts lief glatt bei der Planung, beim Bau des *Peninsula*. Zunächst einmal wunderten sich die Hongkonger ganz erheblich, warum die Kadoories, reiche jüdische Kaufleute, die aus Bagdad in die Kronkolonie gekommen waren (und bis heute Mehrheitseigner des Hotels sind), sich ausgerechnet die Promenade von *Kowloon* als Ort ihres Luxushotels ausgesucht hatten: die Insel *Victoria* galt schon damals als viel vornehmer. „Sind Sie verheiratet oder wohnen Sie in Kowloon?", lautete die damals gängige Frage – auf dem „ländlichen" recht verschlafenen „Festland" hatten es sich bis dahin vor allem Junggesellen mit ihren chinesischen *Tai-tais*, ihren Geliebten, gemütlich gemacht. Dann erzwang unvorhergesehenes Grundwasser eine Verzögerung des Baubeginns, 1921 mußten 600 Stützpfeiler in die Konstruktion eingezogen werden. Schließlich übernahmen tausend britische Soldaten, wegen der Festlandunruhen Mitte der Zwanziger in die Kronkolonie geschickt, den Rohbau erst mal als ihre „Baracke". Chan Pak, heute 78 Jahre, kann sich noch an diese Zeiten erinnern.

Der würdige, weißhaarige Alte zählt heute noch zum „Inventar" des Hotels und hilft bei besonderen Gelegenheiten aus, wie 1995 beim großen Champagnerfest zum „Face-Lifting" der alten Dame; das *Peninsula* hat für 225 Millionen Mark einen neuen Anbau bekommen, mit Helikopterlandeplatz. „Damals fuhr mein Vater zur See", erzählte Chan Pak, „aber er verlor seinen Job und wurde dann Kuli, schließlich arbeitslos. Wir lebten auf der Straße, als wir davon hörten, daß das neue Hotel Pagen suchte". Klopfenden Herzens und vom Vater feingemacht, bewarb sich der Zwölfjährige um eine Stelle als Page – und durfte am 11. Dezember 1928 zur Eröffnung im weißen „Prince-Charming"-Kostüm der Frau des Gouverneurs einen Strauß Chrysanthemen überreichen.

Riesige Kandelaber, Plüschstühle mit dem drapierten *Union Jack*, eine rauschende Ballnacht – das *Peninsula* war auf Anhieb eine Sensation und wurde künftig zum Barometer für den Seelenzustand der Stadt. Im „Roof Garden" spielten die Musiker, in der Lobby trafen sich Ost und West, Geschäftsleute und Spione, vornehme Damen und nicht ganz so vornehme Kurtisanen. Und damit die „Verfügbaren" von den „anderen" zu unterscheiden waren, setzten sie sich ausschließlich in den linken Flügel beim Eingang. Liebesaffären erblühten, bewacht von goldenen Engeln auf den Balustraden, angefächelt von riesigen Ventilatoren. Vermögen wurden gemacht und wieder verspielt, als Geschäftsleute in den Restaurants ihre Deals unterzeichneten. Aber das *Peninsula* war nicht immun gegenüber den „Drachenwolken", die sich in den Kriegsjahren über der Kronkolonie zusammenbrauten.

Das Hotel profitierte kurzfristig von dem Exodus Zehntausender aus Shanghai, die den dortigen Wirren entflohen. Und sogar noch Anfang Dezember 1941 fand einer der berühmten „Fancy-Dress"-Bälle statt – doch es war bereits der Tanz auf dem Vulkan. Am Tag nach Pearl Harbour griffen japanische Kampfbomber auch Hongkong aus der Luft an. Am 13. Dezember 1941 verließ Chan Pak mit den anderen Angestellten des *Peninsula* das Hotel, floh mit der letzten Fähre Richtung Insel, und die demoralisierten britischen Truppen folgten auf dem Fuße. Keine zwei Wochen später, am ersten Weihnachtsfeiertag, unterzeichnete General C. M. Maltby und der Gouverneur Sir Mark Young für die Krone die bedingungslose Kapitulation. Die schlichte Zeremonie fand im *Peninsula* statt.

Die Japaner zogen über dem Hotel das Banner der „aufgehenden Sonne" hoch, machten aus dem Hotel ihr Hauptquartier.

Es folgten düstere Jahre für Hongkong. Zehntausende wurden deportiert und interniert, gefoltert und gedemütigt. Die *Kempeitei* hatte ihre Spitzel überall, die „Nachrichtenbörse" wurde zur einzig blühenden „Industrie" – für Tokio genoß Hongkong keine Priorität, der internationale Handel kam fast zum Erliegen, die Nahrungsmittel wurden knapp. Es war die einzige Zeit, in der Chan Pak dem Hotel untreu wurde und zur See fuhr – das *Peninsula* hatte im Frühjahr 1942 tatsächlich (unter dem Namen *Toa*,

„Ostasien") wieder eröffnet und zu seinen Dauergästen gehörte General Rensuke Isogai, der neue Gouverneur.

Das Kriegsgeschick begann sich 1943 zu wenden. Am 14. August 1945 unterschrieben dann die Repräsentanten des Tenno die Kapitulation, wieder im *Peninsula*. Hongkong war wieder Kronkolonie. Aus dem alten Hotel wurde für die nächsten zwei Jahre ein Durchgangslager – für die Kowlooner Militärverwaltung, für freigelassene Kriegsgefangene. In den Zimmern hausten jeweils bis zu zehn Personen, in den Kellern stand das Wasser. Doch mit der Stadt rappelte sich auch das Hotel auf, das dafür entscheidene Jahr war wohl 1949. Vor der kommunistischen Revolution in China flohen wieder Zehntausende, viele buchstäblich im letzten Hemd. Doch es waren viele hochgebildete, hochmotivierte Festlandchinesen darunter, die über Energie wie Know-how verfügten und mit dem endlosen Strom billiger und williger Arbeitskräfte neue Fabriken hochzogen. Nicht immer produzierten sie Spektakuläres: Li Kashing, späterer Milliardär und einer der einflußreichsten Geschäftsleute Hongkongs, begann in einem Hinterzimmer mit der Herstellung von Plastikblumen.

Es ging aufwärts, teils langsam, teils dramatisch schnell. Bald war das *Peninsula* bis zu sechs Monate im voraus gebucht. Hollywood entdeckte das Hotel als Traumkulisse für so berühmte Filme wie „Love is a many splendored thing" und „Soldiers of fortune". Clark Gable, William Holden und Elizabeth Taylor spielten und lebten im „Pen". James Clavell schrieb aus diesem Hotel über dieses Hotel in seinen berühmten Hongkong-Romanen *Taipan* und *Noble House*. Nur noch einmal geriet die alte Dame – und mit ihr die Kronkolonie – in ernsthafte Schwierigkeiten: während der Kulturrevolution, als im Sommer 1967 die Festlandwirren herüberschwappten. Chan Pak erzählt:

„Dreimal fanden wir Bomben vor dem Hotel, die wir Gott sei Dank alle rechtzeitig entschärfen konnten. Die jungen Maoisten zogen durch die Straßen, fanden aber keinen großen Widerhall. Immerhin, auch einige vom *Peninsula*-Personal waren infiziert – doch im Herbst war der Spuk vorbei".

Wir kamen 1980 nach Hongkong. Es waren Boomzeiten. Der Hongkong-Dollar hatte den absoluten Höchststand gegenüber der Mark (2,20 HK-$ bekam man damals, heute über 5) erklommen, der Wohnmarkt desgleichen.

Wir wohnten die ersten Wochen im Hotel und kümmerten uns zunächst darum, eine gute Schule für unseren 13jährigen Sohn zu finden; das erwies sich als problemlos – die *Deutsch-Schweizerische Internationale Schule* auf dem Peak führte zum deutschen Abitur. Sie hatte einen englischsprachigen Zweig und einen solchen exzellenten Ruf, daß sich viele Chinesen um Aufnahme bewarben.

Das zweite Problem war die Apartmentsuche – Makler weigerten sich, den Ausländern mit Wohnort Hongkong, denen die Firmen ja ohnehin (fast) alles bezahlten, Wohnungen unter 10 000 Mark monatlich zu zeigen. Als wir unsere, knapp drunter, schließlich fanden und mit allerlei Tricks an Land zogen (Blumen für die heimlich ermittelte Besitzerin), soll damals ein Hamburger Chefredakteur gebrummt haben: „Muß unser Korrespondent eigentlich goldene Wasserhähne haben ..."

Das dritte Problem war die „journalistische Infrastruktur". Sekretärin, Telex, all dies war an diesem effektiven Ort mit seiner vielsprachigen Ausländergemeinde kein großes Problem; die Recherchenmöglichkeiten in der Kronkolonie waren es dafür um so eher. Denn die gestalteten sich schwieriger als erwartet.

Über die Kronkolonie hieß es damals, sie werde vom *Royal Hongkong Jockey Club*, vom Handelshaus *Jardine Matheson* und vom Gouverneur regiert – in dieser Reihenfolge; weitere Machtzentren: der *Royal Golf Club*, der *Cricket Club*, der *Lady Recreation Club*. Da von den Handelshäusern und von der Gouverneursvilla zur Zukunft der Kronkolonie nicht viel mehr als Sprechblasen kamen, schien nur in den prestigereichen Clubs etwas zu erfahren. Bei Cocktailpartys und vor allem bei Wohltätigkeitsbällen fuhren die Reichen und Mächtigen in ihren goldenen Rolls-Royces vor, sonnengebräunt und diamantengeschmückt; sie zeigten sich bei den Pferderennen in ihren Logen protzig im Pelz (das feuchtheiße Hongkong nennt sich schamlos die „Welthauptstadt im Pelzkauf"), stellten auf prächtigen Motordschunken im Yachtclub ihren Reichtum und ihr Hintergrundwissen zur Schau. Chinesische Magnaten sind die protzigsten Plutokraten der Welt und nur die Milliardäre wie Li Ka-shing oder Y. K. Pao machten da eine Ausnahme.

Zu den Zirkeln der Macht erhielt man am leichtesten über ihre „Vereine" Zugang, bei einem Gin Tonic im exklusiven „Club" – am besten als Mitglied. Aber es gibt Wünsche, die trägt man als sensibler Journalist erst gar nicht an seine Heimatredaktion heran: 260 000 Mark verlangte damals der Golf-Club als Firmenaufnahmegebühr, 185 000 Mark der *Royal Hongkong Jockey Club*; zwar hieß der einzuzahlende Betrag vornehm *Debenture*, „Schuldverschreibung", und war theoretisch bei Club-Austritt wieder eintreibbar. Aber erstens gilt eine solche Rückforderung in Hongkong als reichlich kleinlich, zweitens mochten wir uns noch nicht einmal den Betrag des jährlichen Zinsverlustes durch das „Darlehen" von der Heimatredaktion vorrechnen lassen. Wir verzichteten. Der Rückschlag ließ sich von uns relativ gelassen ertragen, weil wir dann doch Mitglieder in einem Club wurden. Der gehörte nicht zu den snobistischen in der Kronkolonie und hatte auch nie einen Pool im Grünen wie die anderen, aber man traf (und trifft bis heute) dort die interessantesten Typen der Stadt: Journalisten-Kollegen. Der *Foreign Correspondents Club (FCC)* kostete damals wenig mehr als 1000 Mark Aufnahme- und 700 Mark Jahresgebühr. Empfangen wurden wir an einer langen Theke mit viel Bier und der freundlichen Ermunterung des Präsidenten, wenn wir einmal so betrunken seien, daß wir nicht mehr gehen könnten, sollten wir uns keine Sorgen machen: Zwei der Angestellten seien stets für solche Fälle abgestellt und würden uns ins nächste Taxi verfrachten.

Der FCC hatte seine Wurzeln im Club der Auslandskorrespondenten von China, der während des Zweiten Weltkriegs 1943 in Chungking gegründet wurde, vor den chaotischen Zuständen aber bald nach Shanghai und dann nach Hongkong floh. Dort waren es erst die „China-Watcher" von Presse und Geheimdiensten, die den Platz als „Guckloch" zu Maos Reich nutzten; dann die Vietnamkriegsreporter, die den Club als Etappe zwischen zwei Einsätzen und als Nachrichtentauschplatz in Anspruch nahmen (und von denen viele bis heute in der Stadt hängenblieben, nicht ohne sich „in gewisser Weise" nach der „Action" von Da Nang und der damit verbundenen eigenen Bedeutung zurückzusehen). Anfang der Achtziger war die Stimmung im FCC jedoch gedrückt: Die Journalisten hatten von ihrem alten Quartier am Hafen umziehen müssen, weil der Vermieter die Preise so unverschämt in die Höhe gesetzt hatte. John Le Carré beschrieb die alten Räumlichkeiten in seinem Fernost-Thriller „Eine Art Held" noch bewundernd: „Von nirgendwo hatte man einen schöneren Blick auf den Hafen als vom Herren-

klo des Korrespondenten-Clubs". Besonders einen der Charaktere an der FCC-Bar hatte er unwiderstehlich gefunden und in sein Vorwort aufgenommen: „Manchen Leuten braucht man nur einmal zu begegnen, und schon haben sie sich in einem Roman einquartiert. So einer ist Dick". Und dieser Dick Hughes, Club-Präsident, China-Reporter und Doyen der Hongkong-Korrespondenten, war gestorben.

„Doyen, was ist das?", hatte er einmal einen Kollegen angeschnauzt. „Wenn Sie meinen, ich bin die älteste Hure hier im Puff, dann sagen Sie's doch!" Seine zahlreichen Ansichtskarten an Freunde in aller Welt hat Hughes stets mit „Your Grace" unterzeichnet, und wir nannten ihn „Hochwürden", obwohl er einige Eigenschaften hatte, die einem Gottesmann nicht so gut anstanden: Er trank dreistöckige Wodkas zuhauf und präsidierte über eine FCC-Unterorganisation namens „Alcoholics Synonymous". Er war ein Meister der Flüche, die sich vornehmlich gegen „Kommunistenschweine" richteten, obwohl einige seiner besten Freunde chinesische Kommunisten waren, und er hatte nach eigenem Zugeständnis im Jahre 1926 zum letzten Mal die Beichte abgelegt. Ein Koloß von einem Mann, mit Monokel, Zigarre im Mund, schneeweißen Haaren und der Hautfarbe eines Ferkels – so pflegte er im FCC hofzuhalten und uns „Greenhorns" einzuweisen. Als sein Verleger und langjähriger Freund einmal erfahren hatte, daß sich Hughes von seinem Blatt trennen wollte und mit der *Sunday Times* verhandelte, schickte er aus Australien ein Telegramm an Hughes: „Nur zu, Du Judas!" Hughes kabelte prompt zurück: „Ich weiß nicht, wohin Judas den Jesus küßte, aber ich weiß, wo du mich lecken kannst!"

Bei der Beerdigung des Doyen wischten sich selbst manche der hartgesottenen Berufszyniker Tränen aus den Augen. Wir gingen stumm den schmalen Pfad vom Friedhof herunter. Endlich brach einer das Schweigen und sagte zu einem Kollegen, den die Spuren einer durchzechten Nacht gezeichnet hatten: „Mein Gott, bist du blaß", und mit einer Kopfbewegung auf die zurückliegenden Gräber: „Lohnt sich für dich der Heimweg überhaupt noch oder willst du lieber bleiben?" Da brüllten alle los – und gingen einen trinken in den FCC: jeder einen dreistöckigen Wodka auf Dick Hughes.

Politisch gesehen war Hongkong Anfang der Achtziger ruhig, wirtschaftlich ging es dynamisch aufwärts. Eine boomende Stadt, die dabei war, ihrem Schatten zu entkommen: Zum ersten Mal nach dem Zweiten Weltkrieg stellte eine Volkszählung fest, daß mehr als die Hälfte der Einwohner Hongkongs auch in Hongkong geboren waren. Für wenige Monate sah es so aus, als bewege sich alles in Richtung Normalität – kaum einer sprach mehr von der Vergangenheit, von all den Flüchtlingen, die hierher gekommen waren, um nach dem kommunistischen Alptraum eine neue Existenz zu gründen; kaum einer wollte an 1997 denken, an

den Zeitpunkt, wo zumindest ein Teil der Kronkolonie wieder an die Kommunisten fallen sollte. Aber für einen „Normalzustand" war diese Stadt wohl nie gemacht, alles sollte, mußte hier stets im Fluß sein in diesem Ort des Übergangs. So begann Hongkongs nächste Inkarnation.

Londons Premierministerin Maggie Thatcher hatte 1981 ihr Interesse einer anderen Kolonie zugewandt: Sie führte Krieg um die Felsen der Falklandinseln, und sie siegte gegen Argentinien. Die „eiserne Lady" wollte auch den Chinesen die Zähne zeigen: Hartnäckig vertrat sie im Kabinett den Standpunkt, Großbritannien müsse 1997 nur die gepachteten New Territories zurückgeben, könnte die „auf ewig" eroberten Kowloon und Hongkong

behalten. Aber Chinas „Starker Mann" ließ sich von der Falkland-Siegerin nicht beeindrucken: Bei ihrem Treffen im September 1982 soll Deng Xiaoping Frau Thatcher unmißverständlich klargemacht haben, man wolle selbstverständlich ganz Hongkong zurück. Peking könne von den New Territories aus der Kronkolonie selbstverständlich über Nacht das Wasser abstellen, man könne auch einmarschieren. Die britische Ministerpräsidentin entgegnete wütend, dies würde zum Zusammenbruch Hongkongs führen – die Volkrepublik werde sehen, was sie davon habe. Als die Details des Schlagabtauschs an die Presse durchsickerten und Frau Thatcher beim Verlassen der Großen Halle des Volkes dann auch noch stolperte und die Treppen hinunterfiel, hielten die Hongkong-Menschen dies für ein böses Omen: Innerhalb weniger Monate sank der Börsenindex um 30 Prozent, fielen die Bodenpreise um 40 Prozent. Das Vertrauen in Hongkong, sensibelste und wichtigste Voraussetzung für den Erfolg der Stadt, war rapide am Schwinden. Es mußte etwas geschehen, und nach dem planlosen Auftritt Maggies vor dem Mandarin war klar, unter wessen Ägide es geschehen würde.

Peking spielte seine Trümpfe aus, die Briten bliesen zum Rückzug. Vertreter Hongkongs blieben bei den nun folgenden intensiven Gesprächen über die Zukunft ihrer Stadt ausgeschlossen. Die Chinesen in Peking wollten keinen „dreibeinigen Stuhl" und auch London machte keine Anstalten, in der Kronkolonie Ansässige als dritte Kraft hinzuzuziehen. Was dann am 19. Dezember 1984 in Peking als „Gemeinsame Erklärung" von Margaret Thatcher und Ministerpräsident Zhao Ziyang unterzeichnet wurde, machte klar, daß sich die Volksrepublik China in allen wesentlichen Punkten durchgesetzt hatte. Peking war den Briten allenfalls so weit entgegengekommen, daß diese ihr „Gesicht wahren" konnten:

Frau Thatcher wurde von den Medien der Volksrepublik nicht mehr „stinkendes Weib" wie früher, sondern „kluge Frau" genannt.

London hatte endgültig die Hoffnung aufgegeben, in Hongkong nach 1997 eine Rolle zu spielen oder eine international garantierte Selbstverwaltung für die Menschen zu erreichen. In der *Joint Declaration* wimmelte es von dehnbaren Begriffen und Formulierungen: „50 Jahre Garantie für das kapitalistische System", „besonderes Verwaltungsgebiet", „beizubehaltender Lebensstil", gemeinsam zu erarbeitendes „Grundgesetz" – das klang beruhigend und einlullend. Die Börse boomte, die Berufs-optimisten dieser stets optimisti-schen Stadt beruhigten sich, nur einige Nörgler fragten: Genießt nach der volkschinesichen Verfassung nicht auch die *Autonome Region Tibet* ein „hohes Ausmaß an Autonomie"? Wird Peking die goldene Gans Hongkong viel-leicht doch schlachten, oder wenig-stens gründlich rupfen? Die ersten unserer Freunde sicherten sich im Ausland ein „zweites Standbein", und natürlich war das für die Rei-chen am leichtesten: Sie konnten mit ihren Firmen Zweigniederlas-

sungen in Singapur oder Australien gründen, oder in Kanada und Neuseeland für umgerechnet eine Million Mark Privat-Investitio-nen einen Paß erhalten.

Natürlich sah auch Peking die Gefahr des „brain drain", des Ver-lusts der besten Köpfe durch Auswanderung. Mehr als 30 000 Menschen verließen Mitte der Achtziger jährlich die Kronkolonie, um anderswo ihr Glück zu versuchen. Aber auf jede nervöse Reaktion an der Börse kam auch wieder ein Aufschwung, und besonders der greise Deng streute immer wieder aufbauende Worte: „Die Pferde werden weiterrennen, die Tänzer sich weiter-drehen – mah jiu paau, mouh jiu tiuh". Der Tag, an dem keiner mehr an Beschwichtigendes glaube mochte, war der 4. Juni 1989.

Die kommunistische Führung Pekings ließ auf dem Platz des Himmlischen Friedens die Studenten blutig über den Haufen schießen. Hongkong, der Ort der „unpolitischen" Geldvermeh-rung, entdeckte über Nacht sein politisches Interesse und sein demokratisches Gewissen: Mehr als eine Million Menschen gingen zur größten Demonstration in der Geschichte der Kronkolonie auf die Straße. Plötzlich schien 1997 schrecklich nahe. Die *Homines Hongkongensis* zeigten bisher nie gekannte Gefühlsregungen: Bitterkeit, ja sogar Angst.

Jetzt, in den letzten Atemzügen des Empire, bei seinem letzten Wimpernschlag, zeigte sich das große Versäumnis der Londoner Kolonialregierung. Alles in allem hatten die Briten Hongkong ja ordentlich verwaltet, ein solides Rechtssystem eingeführt, eine un-abhängige Presse gefördert, nie dagewesene wirtschaftliche Frei-heiten gewährt; sie hatten gele-gentlich mit imperial-chauvinisti-schem Pomp und Westminster-Arroganz agiert, und sich nicht viel um die Ärmsten der Armen geschert (was sie sich auch deshalb „leisten" konnten, weil es keine Massenarmut gab und viele der Unterprivilegierten wenigstens im Familienverband aufgefangen wurden); sie waren auf Fair Play bedachte, wohlwollende Imperialisten gewesen. Aber die Briten hatten nie daran gedacht, die einheimische Bevölkerung in die Regierungs- und Verwaltungsgeschäfte einzubeziehen und an höherer Stelle zu beteiligen. Bis Dezember 1990 war die Mitglied-schaft in einer politischen Partei für einen Hongkong-Chinesen illegal. Die Macht lag in den Händen einer kleinen, kolonialen Elite. „Jede demokratische Mitbestimmung wurde uns vorenthal-ten", sagte uns anklagend der Rechtsanwalt Martin Lee in den Tagen nach dem Tienanmen-Massaker: „Zugegeben, nicht viele Hongkonger haben dies vermißt – jetzt aber wollen viele Demokratie, und wissen nicht, wie das geht". Plötzlich war in Hongkong viel von „Parlamentarismus", Gewaltenteilung und freien Wahlen zu hören. „Die Tragödie von 1989 wurde zum Wendepunkt: London schickte sich an, seine Appeasementpolitik aufzugeben", befand der Landeskenner Karl-Heinz Ludwig.

50 000 Hongkong-Chinesen mitsamt ihren Familien erhielten vollwertige britische Pässe, mit Chris Patten entsandte die Krone einen (ihren letzten) Gouverneur, der die Kolonialverfassung trickreich in ein Repräsentativsystem umzumodeln versuchte. Hongkong versuchte es mit einer Instant-, mit einer Last-Minute-Demokratie. Und sofort begann ein Tauziehen, denn China wollte diese Stadt zwar als Beispiel für wirtschaftlichen Fortschritt auch anderen Städten in der Volksrepublik empfehlen, aber keinesfalls als Beispiel für liberal-demokratische Freiheiten.

Peking sah mit Patten eine „Fünfte Kolonne" am Werk und machte mehrfach klar, daß „nationale Souveränität" ein höheres Gut darstellt als „Autonomie" – mit anderen Worten: Die kommunistischen Herrscher wollten in Hongkong nach 1997 in allen Bereichen das letzte Wort haben und dachten gar nicht daran, sich mit irgendwelchen „lokal gewählten Gremien" aus der britischen Zeit herumzuschlagen.

Chris Patten ist kein politischer Nobody, wie so viele, die London auf diesen „Außenposten" zu schicken pflegte. Er war Parteivorsitzender und Wahlkampfleiter der Konservativen Partei und gewann 1992 die Unterhauswahl mit den Seinen – wenngleich er den eigenen Wahlkreis Bath verlor. Premier John Major, Nachfolger von Maggie Thatcher, ist sein „persönlicher Freund", Außenminister Hurd sein „hochgeschätzter Kollege". Als der 28. Gouverneur der Kronkolonie fast auf den Tag genau fünf Jahre vor der Übergabe an die Volksrepublik zur Amtseinführung schritt, tat er

schon dies mit einer revolutionären Geste: Er trug einen grauen Anzug, keinen weißen Waffenrock samt Tropenhelm und Federbusch, wie alle seine Vorgänger. Patten versprach bei seiner Antrittsrede im Oktober 1992 – neben einer Erhöhung des Sozialetats um 26 Prozent, auch hier pochte wohl schlechtes Gewissen – vor allem konstitutionelle Reformen. „Ich bin durch repräsentative Demokratie mein ganzes Leben lang geprägt worden", sagte der neue Hongkong-Regent. Er formulierte wenig später noch provozierender für Pekings kommunistische Herren: „Man darf nicht vergessen, daß sie mit Hongkong die größte Mitgift seit Kleopatra bekommen".

In einem zweijährigen Nervenkrieg paukte Patten dann seine Wahlrechtsreform durch. Sie beendete Hongkongs bisherige Praxis, daß für den Legislativrat (er soll den Gouverneur kontrollieren) Kandidaten zum großen Teil ernannt wurden. Nun standen alle 60 Sitze konkurrierenden Kandidaten offen, wenngleich in einem komplizierten System direkter und indirekter Wahlen. Machtpolitisch veränderte das wenig, wohl aber atmosphärisch und mit Blick auf die Zukunft. „Demokratie durch die Hintertür", schäumte Peking und der Statthalter der KP-Führung für die Kronkolonie, der Shanghaier Lu Ping, machte klar, daß nach 1997 sämtliche Wahlreformen rückgängig gemacht würden und die Abgeordneten ihr Amt verlören: Kein „durchgehender Zug" werde gestattet, alle LegCo-Abgeordneten verlören mit der Übernahme durch die VR China ihre Sitze. Peking installierte eine „zweite Küche", um Pattens Aktivitäten ad absurdum zu führen: Das „Vorbereitungskomitee für das Sonderverwaltungsgebiet Hongkong" unter der Leitung des Außenministers Qian Qichen und mit einigen Peking willfährigen Hongkonger Geschäftsleuten sollte zukünftig das Sagen haben – ein Gremium ohne einen Briten.

ungebremster Bauboom, Hotelturm des Peninsula

Was bringt die Zukunft : Taifun oder Morgenröte ?

Vielleicht hätte stille Diplomatie mehr erreicht, vielleicht wollte sich Patten tatsächlich als „Gott der Demokratie" stilisieren, wie seine Feinde in der Kronkolonie und in der Volksrepublik unterstellten. Er setzte jedenfalls seine Politik der Nadelstiche gegenüber dem übermächtigen Drachen fort. Er schimpfte die Volksrepublik „irrational, bar aller Argumente" und fing sich im Gegenzug über die Monate verbale Beleidigungen ein, die an den Sprachgebrauch während der Kulturrevolution erinnerten: „Verschwörer, Gauner, Lügner, Hure", nannten ihn Pekings Politiker und Presse. Patten schien das zu gefallen, und als handelte es sich darum, eine Schlammschlacht zu gewinnen, schlug er unter die Gürtellinie zurück: „Ein Wort zu Chinas Demokratieverständnis: Es ist nicht die Art der Chinesen, Wahlen zu manipulieren. Sie wissen nur gern das Ergebnis, bevor diese Wahlen stattfinden".

Die Hongkong-Menschen reagierten verstört und unterschiedlich auf den forschen Briten: Zuerst belohnten sie seine Auftritte mit hohen Sympathiewerten, doch mit der Zeit mehrten sich kritische Stimmen. Sie wollten Demokratie, aber auch Geschmeidigkeit im Umgang mit Peking und sie erkannten, daß der *Gweilo* Patten keine Antenne für warnende Stimmen auch von Hongkong-Chinesen besaß, sondern immer stur bei seinem Fahrplan des „fremden Teufels" blieb. Seine Popularitätswerte sackten. Aber immerhin gingen dann doch noch knapp 36 Prozent zur *LegCo*-Wahl im September 1995 und erteilten den Pro-Peking-Aktivisten eine deutliche Abfuhr: Sie errangen nur 16 der 60 Sitze; die Demokraten um den Juristen Martin Lee, der das höchste Einzelergebnis erzielte, schafften 25 Sitze.

Lu Ping, Direktor des „Büros für Hongkong- und Macao-Angelegenheiten" in Peking, hatte schon vor den Wahlen den Gouverneur brüskiert und bei einer Reise in die Kronkolonie „keine Zeit gefunden", sich mit ihm zu treffen. Er nannte ihn einen Mann, der „verdammt in alle Ewigkeit" sei.

Lu Ping hatte sich gegen die „unbegrenzte" Pressefreiheit in Hongkong ausgesprochen und einen Korrespondenten der Hongkonger Tageszeitung *Ming Pao* in Peking verhaften lassen, weil der angeblich „Staatsgeheimnisse" verraten hatte. Nach den Wahlen wurde Lu Ping noch deutlicher: Es werde nach 1997 den Zeitungen „nicht erlaubt" sein, gegen die Einheit Chinas anzuschreiben, also etwa Taiwans oder Tibets Unabhängigkeit zu bejahen. Offensichtlich schwebt Lu Ping, wie so vielen in Peking, auch in dieser Beziehung ein einzigartiges Modell vor: Die Regierung gewährt ein Stück Pressefreiheit, verhindert aber Kritik an den zentralen Punkten der Regierungspolitik – und was zentral ist, bestimmt selbstverständlich die Regierung.

Es gab aber auch positive Zeichen: Anfang 1996 versuchte Peking, mit den Demokraten um den in Hongkong gebürtigen Martin Lee wenigstens zu einem Meinungsaustausch zusammenzukommen – viele hatten schon befürchtet, der radikaldemokratische Hongkong-Chinese würde nach 1997 ins Gefängnis wandern, Auch Lee selbst hatte öfter mit dem Gedanken gespielt, à la Gandhi zu leiden: „Martyr" Lee hatte ihn deshalb bissig die ortsansässige *Far Eastern Economic Review* getauft.

Anwalt Lee belegt bei allen Meinungsumfragen den zweiten Platz, wenn gefragt wird, wer denn auf den Gouverneur Patten als „Regent" Hongkongs und erster chinesischer Stadtchef folgen soll. Weit vor ihm liegt eine Frau: die Patten-Stellvertreterin Anson Chan, die als glänzende Verwalterin gilt; sie wurde in Peking aber schon als „zu prowestlich" eingestuft und dürfte wenig Chancen haben. Bleibt – wenn sich nicht der Oberste Richter Sir Ti Liong Yang durchsetzt – als die chancenreiche Nummer vier: Tung

Chee-hwa, ein steinreicher Schiffsmagnat. Die Kommunistische Partei in Peking hat wohl schon sehr langfristig in seine Zukunft investiert. Jedenfalls erhielt Tung in den frühen achtziger Jahren, als seine Reedereien in Schwierigkeiten gerieten, riesige Kredite von „Festlandquellen". Der Industrielle gehörte auch dem Berater-„Kabinett" um Chris Patten an, bevor er sich im Frühjahr 1996 zurückzog, um sich für den künftigen Chefposten zur Verfügung zu halten. Der Kapitalist Tung Chee-hwa ist ein flexibler Kommunistenfreund und zählt zu seinen Bewunderern auch den Gouverneur Chris Patten, der sagte: „Ich bin sicher, er wird eine gute Brücke zwischen Hongkong und China sein". Einer unserer chinesischen Freunde beschrieb die Wendigkeit des Mannes deutlicher: „Chun weiß: Man furzt nicht gegen den Donner an".

Die wirtschaftliche Verflechtung Hongkongs mit der Volksrepublik hat längst dramatische Ausmaße angenommen. Die einzige, die zentrale Frage bleibt: Wer braucht wen mehr? Kann Hongkong Südchina „übernehmen", ist der Schwanz dabei, den Hund zu zähmen? 60 Milliarden US-Dollar hat

Hongkong schon in die Volksrepublik investiert. Das sind fast zwei Drittel aller Direktinvestitionen, die aus der ganzen Welt dorthin fließen. Die Eigentümer des *Peninsula-Hotels* sind auch am *Palace*-Hotel in Peking beteiligt, das mehrheitlich Rotchinas Armee gehört. Hongkong ist mit seinen Re-Exporten für gut ein Drittel an Chinas Deviseneinnahmen verantwortlich.

In der Provinz Guangdong beschäftigen Hongkongs Unternehmer drei Millionen Menschen, etwa so viele wie in der Kronkolonie; umgekehrt arbeiten immerhin auch 64 000 Hongkonger „drüben". Und längst gibt es auch schon eine rote Millionärsklasse in der Kronkolonie: Mehr als 1800 volkschinesische Unternehmen besitzen Firmen und Land in Höhe von 45 Milliarden

US-Dollar, kontrollieren nach Schätzungen des Magazins *Asiaweek* ein Fünftel aller neuen Handels- und ein Achtel aller Bauverträge. Und doch dürfen diese Zahlen nicht täuschen: Ein großer Teil der international bedeutenden Firmen glaubt zwar nach wie vor, in Hongkong gutes Geld verdienen zu können, geht aber auf Nummer Sicher, so wie das *Noble House* Jardines, das den Sitz seiner Holding auf die Bermudas verlegte, um sicherzustellen, daß das „Unternehmen auch in Zukunft unter englischem Recht operieren kann", wie es ein Sprecher formulierte. So wie in Hongkong die Büropreise seit 1994 um ein Drittel fielen, so stiegen sie in Singapur – der Stadt, die offen um Abwanderer wirbt.

Hongkong schwankt in den Monaten vor seiner Übergabe, vor dem Übergang in eine neue Inkarnation, zwischen Optimismus und Pessimismus. Das Pendel kann in beide Richtungen ausschlagen. Auf das „Jahr der Ratte" im zwölfjährigen Zyklus des chinesischen Tierkreises von 1996 folgt im Februar 1997 das „Jahr des Büffels". Die Ratte gilt als clever und flink, wenn es im Gebälk knistert, wenn Gefahren drohen, dann sagt man, vermehre und zähle sie schnell noch ihr Geld. Der Büffel symbolisiert Aufbruch, Neubestellung des Feldes – und Unsicherheit. Die britische Kolonialmacht wird sich zurückziehen, in einer feierlichen Zeremonie oder, wie Governor Patten meinte, „wenn es die Umstände erfordern, hauen wir lautlos ab, lassen denen nur den Schlüssel unter der Fußmatte". Peking wird herrschen. Aber wesentlich die Zukunft bestimmen werden die Menschen „dazwischen", die Hongkong-Menschen. Sie sind stolz auf eine eigene Identität: Nur 37 Prozent bezeichneten sich nach einer jüngsten Meinungsumfrage als „Chinesen". 49 Prozent als „Hongkonger". Die Hongkong-Menschen geben in diesen Tagen unterschiedliche Signale. Einige wenige wollen trotzig gegen die neuen

Herren ankämpfen, wenn die denken sollten, sie könnten Hong-kong alle Freiheiten wegnehmen; viele biegen sich wie Bambus im Wind – abwartend, nicht zu viele Angriffsflächen bietend, skeptisch bis kooperativ gegenüber den neuen Herren; und eine starke Mehrheit der Reichen und Mächtigen übt sich in voraus-eilendem Gehorsam.

Der Unternehmer Jimmy Lai gehört zur Minderheit. Als Zwölf-jähriger ist er, in einem Schiffsboden versteckt, aus Kanton nach Hongkong geflüchtet. Seine Familie hatten die Kommunisten zerstört, den Vater als „stinkendes reiches Übel" wegen seiner „bourgeoisen Vergangenheit" außer Landes gejagt, die Mutter mit ihren Kindern in die Armut getrieben. Seine ersten Cents verdiente sich Jimmy als Tagelöhner auf dem Bau, nachts holte er die Schule nach. Mit 16 konnte er Englisch, mit 20 hatte er seinen Kurs in Betriebswirtschaft bestanden, mit 26 hatte er sich Geld für seine erste kleine Textilfabrik zusammengeborgt.

Anfang der Achtziger lernten wir ihn als erfolgsversprechenden Jung-unternehmer kennen, der für seine jugendliche Modekleidung bald ein Netz von Boutiquen gegrün-det hatte. Anfang 1996 schätzte man Lais Privatvermögen auf mehrere hundert Millionen US-Dollar. Inzwischen hat er sich als Textilmagnat zurückgezogen, eine Blitzkarriere als Verleger begonnen: Er gibt das Wochenmagazin *Next* und die Boulevard-Tageszeitung *Apple* heraus – beide sehr Peking-kritisch. „Ich ver-öffentliche die Nachrichten, die Kommunisten nicht gedruckt haben wollen", sagt der Unternehmer. „Ich finde, wir müssen der britischen Regierung dafür dankbar sein, daß sie uns 150 Jahre so viele Chancen in Hongkong gegeben hat". Er ist stolz darauf, den chinesischen Premier Li Peng in seinen Blättern „Schild-krötenei" genannt zu haben, eine andere Bezeichnung für Huren-bock, auch wenn das wohl zur Schließung seiner Boutique in

Peking beigetragen hat. Für die Zukunft gibt sich Jimmy Lai vorsichtig optimistisch. Er kann sich einfach nicht vorstellen, daß die neuen Machthaber nach 1997 seine Blätter vor den Augen der Weltöffentlichkeit einfach dichtmachen. Und falls doch – Lai sieht sich als Idealist, aber nicht als Spinner: „Ich kämpfe doch nicht ohne Rückversicherung. Natürlich besitze ich auch einen britischen Paß".

Jimmy Lai gilt in der Welt des Big Business als Paradiesvogel. „Normal" und in der Mehrzahl sind eher die Herren, die Anfang Januar 1996 eine „Air China"-Maschine charterten und nach Peking flogen, um einen Kotau zu machen – ausgerechnet vor dem Mann, der als „Schlächter auf dem Platz des Himmlischen Friedens" gilt, hauptverantwortlich für das Massaker an den Studenten: „Schild-krötenei" Li Peng. Einer aus der Delegation der Hongkong-Tycoons schlug dem Premier vor, eine Fern-sehstation in Hongkong zu kaufen, damit Peking seine Propaganda bes-ser ausstrahlen könne. So viel Liebe-dienerei und Unterwürfigkeit wurde schließlich sogar Li zuviel: „Ich bin nicht der Führer, sondern Präsident Jiang Zemin hat das Sagen. Aber ich werde ihre Vorschläge gern weiterleiten".

Um sich die richtigen *guanxi*, die in der Pekinger Geschäfts-welt so wichtigen Beziehungen zu verschaffen, übertreffen sich einige der Tycoons an „Spenden". Besonders beliebt sind gut publizierte Geschenke an die „Heimatstädte" der Erfolgreichen in der Volkrepublik: mal eine Universität, mal ein Jugendzentrum, mal ein neues Rathaus. Mit Gouverneur Patten will keiner der Big Bosse mehr gern gesehen werden, London wird fallengelassen wie ein schlechtes Investment. Im „Vorbereitungskomitee" zur Hongkonger Zukunft, dem Pekings Außenminister vorsteht, haben sich einige lokale Persönlichkeiten eingenistet, die auch der Kolonialregierung dienten: T. S. Lo beispielsweise, in Oxford erzogen, von der Queen als „Commander of the British Empire" geadelt. Er gab alle britischen Auszeichnungen an die Krone zurück, nennt sich jetzt Lo Takshing und verschaffte sich demonstrativ einen Pekinger Paß. „Er nimmt den direkten Weg von Whitehall zur Great Hall of the People", spotten Hongkonger. Sieht er sich als Teil des „Verrats an Hongkong", den das US-Nachrichtenmagazin *Newsweek* bei den Reichen der Kronkolonie ausgemacht hat? „Ach wo", sagt Lo. „Ich will doch nur, daß diese Stadt weiter gedeiht, weiter Erfolg hat. Die einzige Macht, die das garantieren kann, ist China. Sie im Westen verstehen das nicht – wir argumentieren mit Peking, wir streiten sogar, aber hinter geschlossenen Türen, wie in einem Familienunternehmen. Ja, wir sind eine Familie".

Ihr Symbol, das Symbol der neuen Zeit ist die *Bank of China*. Wie ein mahnender Zeigefinger steht der silbrigglänzende, 320 Meter hohe Prachtbau im Zentrum von Victoria. „Dengs letzte Erektion" nennt das Volk das Werk des berühmten sino-amerikanischen Architekten Ioeh Ming Pei. Aus mehreren Gründen jagt das Pekinger Prestigeobjekt „normalsterblichen" Hongkong-Menschen Angst ein. Den Vorschlag, am 8. 8. 1988, während der Rohbauphase eine geisterbeschwörende Zeremonie abzuhalten, hatten Pekings Machthaber als „Aberglauben" abgelehnt – für viele unverständlich. Denn in Hongkong gilt die Acht als Glücksbringer, ebenso wie die „Vier" (sie klingt auf Kantonesisch wie „Tod") als Pechzahl gilt. Schlimmer noch: Peking zog keinen Geomanten, keinen der „Wind- und Wasser-Experten" hinzu, an deren magische Kenntnisse von der Harmonie der natürlichen Ordnung die Hongkong-Menschen aller Schichten glauben. Kurzum: Peking versündigte sich.

Fung Shui bestimmt in der Kronkolonie die Lage von Bauwerken, Büros, selbst Springbrunnen und Pflanzenkübeln. Das internationale Wirtschaftsfachblatt *Far Eastern* rief einen Erdwahr-

sager zu Hilfe, nachdem zwei Mitarbeiter bei einem Verkehrsunfall getötet worden waren, sich in der Redaktion weitere Unfälle ereignet hatten und die Auflage fiel. Der *Fung-Shui*-Experte nahm Maß, riet zu neuen Teppichen, verschob die Möbel und den Lichteinfall der Fenster. Anschließend ging es wieder aufwärts mit dem Blatt. Auch die Lobby des luxuriösen *Regent*-Hotels wurde nur deshalb mit einer extrem großen, speziell geschnittenen Glasfront zum Hafen hin ausgestattet, weil der Geomant einigen ganz besonderen Gästen, den neun Drachen von Kowloon nämlich, den Zugang „zum Bad im Meer" ermöglichen wollte. Selbst die Kolonialverwaltung ließ beim U-Bahn-Bau einen Tunnel zuschütten, nachdem ein Experte dessen *Fung Shui* als katastrophengefährdet angesehen hatte.

Im Banne der *Bank of China*, dieses „Wind- und Wasser"-ungeprüften Kolosses, feierten wir in den letzten Jahren bei unseren „Heimkehr-Besuchen" Hongkong Feste mit unseren Freunden. Es waren Feiern, die sich oft um Abschied drehten, um in Erwägung gezogene oder klar geplante „Fluchten" von Hongkong-Menschen aus Hongkong.

Beispielsweise Ka Tai: der Fotografenkollege zieht nach Singapur (und überlegt sich, ob er nicht doch das „halbe Jahr" in Hongkong verbringen soll); oder der Werbechef Martin, neue Existenz in Kuala Lumpur, Malaysia; der Hochschullehrer Ching, zu den Verwandten nach Neuseeland; die Ärztin Virginia, deren Töchter in Kanada studieren und die sich dort, um einen Paß zu erhalten, eisern eine Wohnung erspart hat – auf dem Weg nach Vancouver, das wegen des starken chinesischen Zuzugs überall nur noch „Hongcouver" heißt. So klingt Party-Talk bei Chilishrimps und Champagner: „Einen Paß von Belize soll es schon für 30 000 US-Dollar geben! – Mit diesen billigen Tahiti-Papieren kommt man angeblich über Frankreich an ein EU-Papier! – Im Westend dreht ein Betrüger den Ahnungslosen doch tatsächlich für viel Geld einen Weltpaß an! – Wenn du einen Geheimtip brauchst: Ich sage nur Tonga, Tonga, Tonga!" Insgesamt 600 000 Hongkonger sollen jetzt irgendein „zweites" Dokument haben. „Yacht people" heißen die Privilegierten im Volksmund spöttisch, weil sie jederzeit die Segel setzen können (im Gegensatz zu den boat people, den Vietnamesen, die hier ihr Glück suchten, von den Hongkong-Behörden erst in Lager gepfercht und dann, auch gegen ihren Willen, abgeschoben wurden.)

Für neun von zehn Hongkong-Menschen aber stellt sich die Frage nicht, ob und unter welchen Umständen sie die Kronkolonie vor ihrer Übergabe an Peking noch verlassen: Sie haben die Möglichkeit dazu nicht. Viele aus dieser Mittel- oder Unterschicht verdrängen die Diskussion um 1997 einfach. Sie sorgen sich, wie bisher, um die einfachen Dinge des Lebens, um die Verbesserung ihrer Alltagsverhältnisse: eine neue, größere Wohnung, einen höher bezahlten Job, die bestmögliche Erziehung für die Kinder. In den Neubauvierteln der sogenannten „Sandwich Class", die zwischen London und Peking sitzt, macht sich ein eher trotziger Optimismus breit. „Die neuen Herren haben uns doch schon zugesagt, daß sie Pferderennen und Tanzhallen beibehalten wollen", sagt ein junger Journalist, der freilich seinen Namen mit dieser Äußerung nicht gedruckt sehen will. „Jetzt müssen wir ihnen noch beibringen, daß wir in einer zivilen Gesellschaft leben wollen, mit einem ordentlichen Rechtssystem, mit so effektiver wie wenig spürbarer Regierung. Mit dem Recht zu lesen, was wir wollen, zu reisen, wohin wir wollen".

Im ehrwürdigen *Hongkong Jockey Club* sollen die Aufnahmepreise fallen, jetzt, da das „Royal" gestrichen wird und die Stadt nicht mehr „von diesen Einrichtungen her" regiert wird, wie es früher hieß. Viele schließen sich einer neuen Vereinigung an, dem *China Club*. Die Aufnahmegebühr, die freilich nicht wiedererstattet wird, beträgt knapp 30 000 Mark. Im alten Gebäude der „Bank of China" hat Jungunternehmer David Tang die Räumlichkeiten im Chic der früheren Shanghaier Jahre hergerichtet – und Mao-Gemälde an die Wand gehängt. Kellner in schwarzen Slippern gleiten über Holzfußböden und servieren distinguierten Gästen unter Art-Deco-Lampen feinste kantonesische Küche. „Früher haßte ich diesen bestimmten Geruch hier, diesen Hauch von Kommunismus", sagt Tang. „Doch daraus habe ich einen neuen Duft gemacht, den Duft der Zukunft".

Drei Kilometer Luftlinie weg vom neuen Millionärsclub, in einer überfüllten, heruntergekommenen Gegend von Kowloon, liegen die „Cages". In diesen stählernen Käfigen leben über- und nebeneinandergepfercht Hongkongs Ärmste der Armen. Etwas mehr als 2000 müßten unter solchen Bedingungen hausen, sagt die Kolonialregierung, doch Sozialarbeiter sprechen von mindestens 10 000. Drei Viertel von ihnen sind ältere Menschen, die keine Familie haben, die noch für sie sorgen könnte.

Kwei schlurft über einen engen, schmierigen Treppenaufgang zum Käfig acht, Heimat. Hinter seinem Bett stehen, an Gitterstäbe gepreßt, ein paar Habseligkeiten, Zahnbürste, Gehstock, Wettscheine. Kwei, der aus der Nähe von Kanton stammt, lebt hier seit 36 Jahren. Er ist Analphabet. Er brachte zwar die Energie auf, in eine Abendschule zu gehen, aber dann lernte er die falschen Freunde kennen: Wettschulden, Probleme mit der Polizei. So langte es immer nur zu Aushilfsjobs. Auch heute hilft Kwei noch als Kellner aus, manchmal, in einem kleinen Restaurant nebenan. Er verdient im Schnitt 400 Mark, die Käfigbleibe kostet 70. Er kommt zurecht. Er hat von einer neuen Baustelle, von einem neuen Restaurant mit besseren Jobs gehört.

Seit einigen Tagen hat Kwei einen neuen Nachbarn. Xiaotong, der sein Sohn sein könnte, kommt aus der Armenprovinz Guanxi, und wie er den Sprung erst in die stacheldrahtumzäunte Sonder-Wirtschaftszone Shenzhen und dann hierher geschafft hat, will er nicht sagen. 150 „Neue" pro Tag, das weiß er, lassen die Behörden legal vom Festland hierher – Nachschub für den Arbeitsmarkt. Xiaotong hat kein richtiges Visum, aber irgendwie will er es packen. „Ich muß", sagt er energiegeladen. Faltet sein Handtuch zusammen. Federt von seinem Bett hoch. Sagt, nein brüllt zum Bettnachbarn: „Hör mal, wo war dieser Platz mit den neuen Jobs? Und wieviel zahlen die?" ◄

Schwimmhilfen und Versteck von „IIs", Illegal Immigrants, Lantau

50 Km scharf bewachter Grenzzaun trennen von China

Keine Sommerfrische, Grenzkontrolle, im Hintergrund Shenzhen

Seit 1905 in den Häuserschluchten der Insel im Einsatz, die Tram

Landeanflug, Kai Tak Airport

Lippo Centre,
Skulptur aus Glas,
Beton und Stahl

Wohnen in
der Vertikalen,
New Town, N.T.

Blick vom Hopewell Center auf den Spargelwald von Wanchai

Trabantenstadt Ma On, die Hälfte der 6 Millionen
Bewohner Hongkongs leben in neun New Towns

Quadratmeter sind wertvolles Luxusgut in HongKong

Rentner als Wachmann sorgt für Ordnung und Sicherheit, Wanchai

Kowloon Park, im Lärm der Großstadt eine Oase der Ruhe

Die alten Teehäuser für Vogel-
freunde sind fast alle abgerissen

Mittwoch ist
Renntag in
Happy Valley

45.000 Zocker fassen die Tribünen, Pferdewetten sind die einzige legale Form des Glücksspiels in Hongkong

Basketball bis Mitternacht, Southern Playground, Wanchai

Hafenpromenade, beliebter Joggerpfad

die Geldmaschine
Hongkong & Shanghai-
Bank kostete
eine Milliarde US$

Computergesteuerte
Spiegel schaufeln
Tageslicht ins Innere

Marmor ohne Ende, Grand Hyatt

Gesellschaftstreff mit wechselndem Bühnenbild, lobby des Regent

Stardesigner Philippe Starck entwarf das „Felix" im Peninsula

Nachtleben in Lan Kwai Fong, besonders bei Gweilos beliebt

Türen ohne Chrom und Spiegelglas

Bauernhaus im Dorf Lük Keng in den New Territories

Verlassenes Landhaus bei Tai O auf der Insel Lantau

die Natur übernimmt unaufhaltsam das Regime

Blick von der Bank of China auf den Statue Square und Central

Temple Street, ab 20°° ein Nachtmarkt

Straßengarküche in Mongkok, gutes Essen gibt's an jeder Ecke

gute Aussicht kostet extra , Café Deco , Victoria Peak

Himmlische Genüsse und bittere Medizin

Verzweifelt klagte der Poet: „Was für ein grausamer Fehler des Himmels, uns mit Mund und Magen auszustatten. Pflanzen wachsen auch ohne sie. Felsen essen und trinken nicht, bleiben doch für die Ewigkeit erhalten." Der darbende Dichter aus dem 17. Jahrhundert hatte mehr als ein Dutzend Kinder, sechs Konkubinen neben der Ehefrau, ein ganzes Theaterensemble – an die 40 Mäuler waren zu füllen. Es langte finanziell vorne und hinten nicht. Wenige Zeilen nach seinem Aufschrei aber gesteht Li Yu sich und seinem literarischen Tagebuch: „Ich liebe Krabbenfleisch, daß es an Wahnsinn grenzt. Jede Krabbensaison lege ich die letzten Groschen zurück, um sie für diese Köstlichkeit zu verprassen. Ich kann's mir nicht leisten und kann nicht davon lassen. Was für ein Getriebener bin ich doch!"

Schwer vorstellbar, daß sich ein bedeutender deutscher Schriftsteller so für Schweinswürstchen mit Sauerkraut ins Zeug legt, ein Amerikaner oder ein Engländer sich so für ihr Leibgericht zerfleischen. Doch für Chinesen nicht ungewöhnlich: Eine Lieblingsspeise löst eine existentielle Lebenskrise aus. Das Pendel schlägt aus zwischen Frugalität auf der einen, Festmahl auf der anderen Seite, nicht nur die Liebe geht durch den Magen. „Sik tzo fan mei?" heißt der häufigste Gruß auf Hongkongs Straßen, wörtlich aus dem Kantonesischen übersetzt: „Heute schon gegessen?" Der arme Poet Li Yu wußte eben, was wichtig ist im Leben, würden wohl die meisten Hongkong-Menschen zu dessen Tagebuch sagen – und sie würden mit ihm sympathisieren. Essen hat für sie einen ganz anderen Stellenwert als für uns Westler, was man

schon daran erkennt, daß sich Chinesen über nichts lieber unterhalten, über nichts lieber streiten.

Hausfrauen beim Morgenplausch auf der längsten Rolltreppe der Welt, unterwegs zu den Märkten an der Hollywood Road; Bauarbeiter, die auf ihren schwindelerregenden Bambusgerüsten in *Yaumatei* zur Mittagspause rasten; Manager, die ihre Handys zur Seite legen und wenigstens einmal, am Abend, tief durchatmen. Sie diskutieren leidenschaftlich über die Börsenkurse, das letzte Pferderennen, vor allem aber über Kulinarisches. In *Cheung Chau* soll es ganz frische Abalone geben und in *Clearwater Bay* Schwalbennester, die einigermaßen erschwinglich sind. Im Westend bietet der Gemüsemarkt Sonderangebote und ein neuer Food Stall zartestes Schweinefleisch. In *Causeway Bay* hat ein Restaurant eröffnet, das einem renommierten alten Lokal den Chefkoch abluchsen konnte.

Es ist ein Spiel ohne gesellschaftliche Grenzen. Denn man muß sich keinesfalls eines der sündhaft teuren Luxusrestaurants leisten, um erstklassiges chinesisches Essen zu genießen. Da gibt es beispielsweise in *Kowloon* mitten in einer Arbeitergegend zwei neue, unscheinbare Garküchen, wo die „kleinen Leute" wie die Topmanager mittags Schlange stehen, um Schlangensuppe zu essen, natürlich nur im Winter, wenn Saison ist. Geheimtips werden an Freunde und Verwandte weitergegeben, wie Schlüssel zu einem verborgenen Schatz – und bleiben, wie man sieht, dann doch nicht lange geheim. Denn Hongkong ist auch eine Nachrichtenbörse in Sachen Gastronomie.

Warum beschäftigen sich ausgerechnet die Chinesen wie kein anderes Volk der Erde so hingebungsvoll, ja so besessen mit dem Essen? Warum erzählt uns die abendländische Geschichtsschreibung so gar nichts vom Koch Caesars oder Karls des Großen, aber die chinesische so viel über die Köche der Kaiser, viele im Ministerrang? Warum haben die Hongkonger, was ihre Gastronomie betrifft, ein solch ausgeprägtes Überlegenheitsgefühl gegenüber dem „Rest der Welt" entwickelt?

Wir fragten den alten Chen, und er lächelte, statt zu antworten. Er trieb ein Spiel mit uns, und es hatte in den achziger Jahren, als wir in Hongkong lebten, immer denselben Sieger. Ihn. Der Oberkellner des Restaurants, das heute längst nicht mehr existiert – Hochhäuser sind an seiner Stelle gewachsen, viel moderner, noch profitabler; blinkende Neonreklame, wo einst die schmiedeeisernen Portale standen – brachte uns immer äußerst zuvorkommend die Karte. Nicht, daß wir die Gerichte hätten entziffern können, die nur mit chinesischen Schriftzeichen per Hand aufgemalt waren, aber die Form wurde gewahrt gegen-

über dem *Gweilo*, dem fremden, langnasigen Teufel. Anschließend verkündete Chen die Speisenfolge, die er für uns ausgewählt hatte: Haschiertes Wachtelfleisch mit Pflaumenmus auf grünem Salat beispielsweise, knuspriges Frühlingshuhn mit Cashewnüssen, gedünstete Meeresschnecken und regelmäßig die dünne, aber doppelt gekochte Suppe mit schwarzen Pilzen, die er als unser Leibgericht erkannt hatte. „Wunderbar, Meister Chen", sagten wir dann unseren Standardsatz. „Aber bitte die Suppe vor den anderen Gerichten."

Darauf schenkte uns Chen ein mildes Lächeln, als wollte er sagen: Sie sind ja nett, diese Barbaren, man kann mit ihnen sicher auch manche Kompromisse machen. Aber beim Essen?

Suppe serviert man nach chinesischer Auffassung des Geschmacks und der Verdauung wegen in aller Regel nach dem Hauptgericht. Und der Kellner brachte uns die Pilzbrühe zum Schluß der Mahlzeit, wie immer. Strich lächelnd das Trinkgeld ein, hielt mit mitleidiger bis wohlwollender Miene die Türe auf, wie immer: ein Ritual.

Wer nur China-Restaurants in Deutschland kennt, wird beim Eintreten in eine „durchschnittliche" Hongkonger Gaststube erst einmal zurückschrecken: Keine verzierten Laternen, die gedämpftes Licht verbreiten, keine kostbaren Drachenornamente an den Wänden, noch nicht einmal besonders feines Porzellan. Statt dessen Speisereste auf den Tischen, lautstarke Unterhaltung, ein ständiges Stäbchengeklapper, das klingt wie der Konkurrenzkampf von Storchenschnäbeln. Vor allem grelles Licht – Chinesen wollen sehen, was sie essen; und sehr oft steht schon vorne im Foyer ein Bassin, in dem der angebotene Fisch seine Runden schwimmt. Alle Äußerlichkeiten treten zurück hinter die Konzentration auf das Wesentliche: die Qualität der Speisen, ihre Frische, ihr Aussehen, ihre Zubereitung, ihren Geschmack.

Was so himmlisch schmeckt, muß etwas mit den Göttern zu tun haben. Um den Segen von oben zu sichern, haben sich die beiden großen fernöstlichen Religionen des Daoismus und Buddhismus zusammengetan und einen gemeinsamen „Küchengott" als Überwacher aller kulinarischen Aktivitäten installiert: Tsao Wang. Restaurants – und sehr oft auch Privathaushalte – reservieren ihm einen besonderen Eckplatz, einen meist hölzernen Schrein mit blinkenden roten Lichtern, glückverheißenden Räucherstäbchen und einem Poster, auf dem sein Name in goldenen Schriftzeichen kalligraphiert ist. Dieses Papier wird am Ende des Jahres regelmäßig ausgetauscht, wenn Tsao Wang der Legende nach seinen Jahresreport für den Jadekaiser verfaßt, in dem er Tugenden und Laster des Etablissements festhält. Da heißt es für die Restaurantbesitzer in Opfer investieren, vor allem in Früchte und Süßigkeiten, um den Gott gnädig zu stimmen und den Nachschub für weitere zwölf Monate zu sichern.

So weit man es historisch zurückverfolgen kann, bedeutete Essen für die Chinesen schon immer mehr als reine Nahrungsaufnahme. Es war ein wichtiges zentrales gesellschaftliches Ereignis, und das ist es bis heute geblieben. Wer in Hongkong ißt, ißt in der Regel nicht für sich allein – er kommuniziert. Traditionell nimmt man Mahlzeiten im Familien- oder Freundeskreis ein: Jeder holt sich die verschiedenen Speisen aus den Gemeinschaftsschüsseln, die für alle zugänglich in der Mitte des Tisches stehen. Nur einer, in der Regel der Gastgeber oder der Chefkoch, hat den Überblick über die Speisefolge und bestimmt, was – aufeinander abgestimmt – auf den Tisch kommt: Mit Demokratie oder „Mitspracherecht" hatte die chinesische Küche nie etwas zu tun.

Schwere verzierte Kochtöpfe und Schüsseln aus Bronze wurden auf dem Festland gefunden, die sich auf die Shang-Dynastie um 1500 vor Christus datieren lassen. Alte Rezepte aus dieser Zeit sind übermittelt: Wildschwein mit Datteln und Minze, in einem Tongefäß gebacken; Fisch mit Bambussprossen in einer Weinmixtur; Reis, gedünstet in einem erdenen Kessel, der sieben Löcher haben mußte. Schon in frühen Zeiten dürften sich die Eigenarten der verschiedenen chinesischen Küchen ausgeprägt haben: die nördlich „mongolische" mit ihren Hot Pots und kräftigen Dumplings; die würzig bis chillischarfe „innere" szetschuanesische; die krabben- und knoblauchreiche von Shandong; die oft süßsaure von Hunan. Und die Königin von allen (so denken jedenfalls alle Südchinesen,

die in Küstenregionen leben): die milde, feine, delikate kantonesische Küche, heute nirgends besser zubereitet als in ihrer unbestrittenen „Welthauptstadt" Hongkong.

Damit sich jeder gleichzeitig aus den vielen Töpfen bedienen konnte, hatten sich die Chinesen schon in Urzeiten etwas Revolutionäres ausgedacht – die Eßstäbchen, „chu" oder „kuaitzi" (Beschleuniger) genannt. Kostbare aus Alabaster wurden bei Ausgrabungen schon im 2. vorchristlichen Jahrtausend gefunden. Es ist nur eine Legende, daß die alten Kaiser Messer am Tisch verboten hätten, weil die ihnen gefährlich werden könnten – die Stäbchen erschienen ihnen einfach als praktischere und logischere Werkzeuge. „Schwert und Spieß" nennen ältere Chinesen bis heute unser westliches Besteck mit Messer und Gabel, halten es für rückständig und unbequem. Sie verstehen nicht, warum man etwa Fleischstücke selbst zerkleinern soll, wo das doch zu den Aufgaben des Kochs gehört. Vollends unklar bleibt ihnen, warum denn jeder von seinem eigenen Teller nur eine Speise essen soll. Seine persönlichen Eßstäbchen sollte man nach dem Essen übrigens nie in die Schale legen – das tut man nur bei den Kulthandlungen für die Ahnen und würde bei anderen Gelegenheiten Unglück bringen.

Chinas Küche war immer eine Überlebensküche, geprägt von dem Zwang, alles verwerten zu müssen. So kamen auch während der harten Hongkonger Geschichte traditionell solche Tiere und Pflanzen in den Topf, die in anderen Gesellschaften aus religiösen und ästhetischen Gründen tabuisiert waren oder schlicht als ungenießbar galten. Wenn Chinesen mit irgendetwas konfrontiert sind, das sie nicht kennen oder dessen Funktion sie nicht verstehen, ist ihr erster Impuls, es zu kosten. Chinesen essen alles, was vier Beine hat – außer einem Tisch, lautet ein vielzitiertes Sprichwort.

Seine moderne Variante: Bei ihnen kommt alles in der Topf, was fliegt – außer dem Flugzeug. In der Song-Dynastie, vor etwa tausend Jahren, experimentierten die *Dashifu*, die Chefköche, auch mit Menschenfleisch, das sie zu Notzeiten in eigens ausgewiesenen Restaurants zur Füllung ihrer Teigtaschen verwendeten. Am anderen Ende der Skala galt und gilt Fisch als Luxus und Delikatesse. Seine Bezeichnung im Chinesischen ist gleichlautend mit „Überfluß" (*yü*) und Reichtum.

Auch die bedeutendsten chinesischen Denker und Staatsmänner haben es, wie die Dichter, nicht für unter ihrer Würde gehalten, über Speisen und ihre Zubereitung nachzudenken. Von Konfuzius heißt es, er habe sich tagelang auf ein Festmahl freuen können, sei aber auch ein einfallsreicher Koch gewesen, der aus so einfachen Zutaten wie Reis, Gemüse und Melonen etwas Besonderes zauberte. Als ein Feldherr sich einmal Rat von ihm für eine Schlacht erbat, soll der Meister ihn angefahren haben: „Ich interessiere mich überhaupt nicht für eure Kämpfe. Aber fragt mich nach meinen Leibgerichten, davon kann ich stundenlang erzählen. Macht Klöße, nicht Krieg." Doch der einflußreichste chinesische Denker war gegenüber dem Essens-Genuß ambivalent – er pries gute Küche, und fühlte sich gleichzeitig verpflichtet, zur Enthaltsamkeit aufzufordern. Er wußte, daß ständig Hungersnöte drohten und die Chinesen lernen mußten, sich mit dem Bescheidensten zu begnügen. So riet Konfuzius allen Eltern, ihre Kinder zu züchtigen, wenn sie auch nur ein Reiskorn achtlos in der Schüssel zurückließen. Bis heute erzählen die Eltern in Hongkong ihren Kleinen, für jedes vernachlässigte Korn wachse im Gesicht eine Pockennarbe.

Die alten Kaiser verbrachten als „Söhne des Himmels" den Großteil ihrer Zeit mit streng festgelegten Zeremonien – auch

dabei spielte das Essen als Ritual eine wesentliche Rolle. Von den 4000 Personen am Hof beschäftigten sich nach einer Chronik aus der Zeit der Han-Dynastie mehr als die Hälfte nur mit Speisen. 342 „Fisch-Spezialisten" gab es, 335 „Gemüse-Experten", 110 „Alkohol-Offiziere", 62 „Salz-Männer" und 30 „Eis-Leute". 162 Meisterköche erarbeiteten einen täglich variierenden Speiseplan. Wenn sie Unreines servierten oder Unpassendes zusammenstellten – etwa Gemüse auf Schildkrötenfleisch –, drohte ihnen der Tod durch Erwürgen.

Kaufleute schlossen nie ein Geschäft ab, ohne mit dem Partner eine Mahlzeit zu teilen. Die Kenntnis von der Sprache der Speisen war auch für die Spesenritter des Mittelalters Teil der höheren Bildung. Wer zu kostbare Gerichte anbot, machte sich als vulgärer Protz lächerlich; wer zu tief griff, beleidigte die Gäste. Zu denen, die einen soliden Job hatten, sagte man schon damals, er könne „gutes Korn kauen"; wer seine Arbeit verlor, hatte, wörtlich genommen, „seine Reisschale zerbrochen" – und mußte hoffen, daß die Götter seine Gebete erhörten und seine Opfer annahmen, beispielsweise beim *Yue Lau*, dem „Fest der hungrigen Geister".

Unterernährung mag ein guter Koch sein; Entbehrung mag einen günstigen Nährboden für kulinarischen Erfindungsreichtum schaffen. Um die wichtigste Erklärung für die Weltgeltung der chinesischen Küche – der verschiedenen chinesischen Küchen –, kann es sich dabei nicht handeln. Beileibe nicht jedes große Volk hat es ja, gerade in permanenten Notzeiten, so geschafft, Schwäche in Stärke umzumünzen wie das chinesische. Hinter dem Geheimnis dieser Kochkunst steckt eine ganze Philosophie, ein einheitliches Gedankengebäude – das von *Yin* und *Yang*.

Diese beiden gegensätzlichen Pole, so glauben die Chinesen seit Jahrtausenden – das Männliche und das Weibliche, das Harte und das Weiche, das Heiße und das Kalte, das Besonnte und das Beschattete – müssen im Körper ausbalanciert sein, sonst würden zwangsläufig Krankheiten auftreten. Bestimmten Speisen werden bestimmte Yin- und Yang-Eigenschaften zugeordnet. Öliges, Gepfeffertes und Fettes gilt als „heiß". Während die meisten Fische und andere Meeresfrüchte sowie Bohnen als „kalt" eingeschätzt werden. Dementsprechend sollte jede Mahlzeit, die den Körper im richtigen Gleichgewicht hält, beide Bestandteile berücksichtigen. Mit dem richtigen Speiseplan läßt sich das allgemeine körperliche Wohlbefinden steigern und Krankheiten entgegenwirken – davon sind in Hongkong Ärzte, Apotheker, Chefköche und Restaurantkritiker gleichermaßen überzeugt. Diese Auffassung setzt eine peinlich genaue Kenntnis von Pflanzen sowie deren Wirkung auf den Organismus voraus. Die ersten chinesischen Kräuterhandbücher – und somit die ersten Kochbücher überhaupt – entstanden im Reich der Mitte vor mehr als 3500 Jahren und wurden von Generation zu Generation weitergegeben.

Bio-Läden und Naturkost-Restaurants gab es in Hongkong also von jeher, sie waren nie ein Trend wie derzeit bei uns im Westen, sondern Ausdruck einer als allgemein gültig anerkannten Norm. Mit welchen Beschwerden auch immer wir zu unserer chinesischen Ärztin in *Causeway Bay* gingen, sie fragte uns, was wir gegessen hatten, und sie riet uns häufig zur klassischen chinesischen Medizin. So haben wir auf ihre Empfehlung auch Meister Zhung kennengelernt, Apotheker von Beruf, Koch und Gourmet aus Leidenschaft. Der Greis mit seinen furchentiefen Lachfältchen im mondkuchenrunden Gesicht hatte sich auf „Gesundheitsmenüs" spezialisiert, zu denen er nur Freunde in sein altes Apartment im verfallenen Westend-Viertel einlud.

Westend klingt westlich, aber täuschender könnte ein Name kaum sein. Denn die Gegend um die *Possession* und die *Bonham* Street gehört zu den ursprünglichsten aller Stadtteile Hongkongs und wird deshalb manchmal auch „Chinatown" (korrekt: *Tai Ping Shan*) genannt. Hier hat Captain Charles Elliot seine britische Flotte 1841 an Land geführt und die Insel für Großbritannien in Besitz genommen. Doch gesiedelt haben die Europäer nicht lange in diesem Distrikt, vertrieben von Schmutz, Armut und Malaria, die auch die bitterarmen chinesischen Einwanderer um die Mitte des letzten Jahrhunderts bald dezimierten. Während die Briten hinauf zum gesünderen Malaria-freien Peak zogen, waren die Chinesen zum Bleiben verdammt. Der Distrikt hatte bald den schlimmsten Ruf; Triaden regierten ihn. Opiumsüchtige vegetierten in Slumhütten, Kinder gaben sich der Prostitution hin, Morde in den Spielhöllen waren an der Tagesordnung.

Noch immer sind die Straßen eng. Die Hochhäuser fressen sich weiter in den Distrikt hinein. Ein Slum und eine Rotlicht-Zone ist das *Westend* lange nicht mehr, eher ein Hort für Traditionsberufe, für Künstler und Handwerker. Zum Beispiel für Kalligraphen und Stempelmacher, die in ihren vollgepackten kleinen Lädchen auf Holz, Stein, Jade und Marmor ihre Siegel zaubern. Nebenan schnitzen die Mahjong-Macher ihre Spielsteine und probieren sie klappernd und klackend beim Spiel. Lauter vom Aussterben bedrohte Familienbetriebe: die Fächerhersteller und die Opernkostümschneider, die Sargtischler und die Rattanmöbel-Ausbesserer. Und überall fremdartige Geräusche und Gerüche. Das Zischeln von Schlangen, die in engmaschigen Metallkäfigen auf hungrige Käufer warten, die sie, frischgehäutet und mit Chrysanthemen-Blättern abgeschmeckt, im Topf verzehren wollen; das zaghafte Zirpen von Singvögeln, gleichermaßen zum Verzehr bestimmt. Ein Apotheken-Geruch der anderen Art liegt in der Luft, nach getrockneten Tee-Blättern, nach Kampfer, nach verwesten Insekten und undefinierbaren Pülverchen. Glasbehälter an Glasbehälter sind aneinandergereiht in vollbepackten, fremdartigen Geschäften. Eines von diesen gehörte Zhung; im Parterre verkaufte und mischte er die geheimnisvollen Mixturen, oben reichte er sein ganz spezielles Gourmet-Food.

Wir versuchten alles zu probieren, und mußten doch manchmal passen. Ginseng-Teigtaschen zur Nervenberuhigung: o. k. Die Zwiebeln der Schachbrettblume, die Hustenreiz unterdrücken soll: nun ja – geschmacksneutral, einigermaßen appetitlich anzuschauen. *Fuling*, eine Pilzart, die Schlaflosigkeit bekämpft: schon schlimmer, bitter, pelzigen Mundgeschmack nach sich ziehend. Aber bitte doch keine zermanschten Seepferdchen, keinen in Essig eingelegten Kaninchenfötus!

Zhung arrangierte Abende speziell für Herzkranke, Nierenleidende, Asthmapatienten. Und servierte einen „geriatrischen Teller" mit speziellen Aufbaustoffen für ältere Herren – mit Schild-

krötenfleisch, das noch an der zerschlagenen Schale hängt, und wie Schwalbennester die schwindende Sexualkraft stärken soll. Der Gesundheits-Gourmet hätte auch gern mal Bärentatze oder Affenhirn (man löffelte es früher noch aus dem lebendigen Leib des Tieres) serviert; doch das haben die Briten ebenso verboten wie den Verzehr des in weiten Teilen des Festlands immer noch populären Hundefleisches. Umgerechnet 300 Mark Strafe steht darauf, ersatzweise sechs Monate Gefängnis. So begnügte sich Zhung mit einem Extrakt aus Ingwer und Engelwurz, den er besonders bevorzugten Gästen zum Abschied ausschenkte. „Wer das im Winter ißt, kann im Frühjahr den Tiger erwürgen", zitierte er dazu ein altes Sprichwort.

Was wußte der Alte alles zu erzählen: Fast jede Speise hat im Chinesischen ihren Symbolgehalt. Indem man Ente ißt, unterdrückt man auch das Böse, mit dem Essig flößt man sich Eifersucht ein, mit der Wachtel tankt man Mut, mit dem Karpfen Beharrlichkeit. Pfirsiche verheißen ein langes Leben, Litschi-Früchte Schläue, und wer eine *Hu tao*, eine Walnuß anbietet, muß wissen, daß so ein Flirt beginnt. Ein scheues Mädchen reicht im Gegenzug eine Eß-Kastanie – bitte korrekt verhalten, signalisiert diese Frucht. Oder sie geht auf das Werben ein und die beiden entschließen sich, „den Zimtzweig zu brechen", miteinander zu schlafen. Hier ist das Chinesische voller Analogien: Auch Bohnenkäse essen, gebratenes Schweinefleisch verzehren, Fisch ins Wasser werfen stehen für die geschlechtliche Vereinigung. Dann ist es bald Zeit für die Glücksfrucht Granatapfel als Hochzeitsgeschenk, für Eisbein während der Schwangerschaft (stärkt die werdende Mutter), aber um Gottes Willen nicht Ingwer. Da die sonst so beliebte Wurzel oft wie ein Finger aussieht, könnte das Kleine mehr als fünf an einer Hand bekommen.

Zhung stellte spezielle Bankette fürs Neujahrsfest, für Hochzeiten und Familienfeste zusammen. Seine Spezialität aber war die kulinarische Ausstattung von Beerdigungen. Einmal nahm er uns auf eine Trauerfeierlichkeit mit, in die New Territories. In jenen Teil Hongkongs, der sich zumindest in den achtziger Jahren noch einen Teil seiner ländlich-dörflichen Atmosphäre, seines Ur-Chinesischen bewahrt hatte.

Und so zogen wir an einem frühen Morgen mit dem Alten nach *Yuen Long*, und den ganzen Weg hütete er seinen mitgebrachten Kochtopf, den *pen*, wie seinen Augapfel: „Der persönliche Topf gehört zu den acht buddhistischen Kostbarkeiten", murmelte Zhung, „der repräsentiert Buddhas Magen".

„Sik tzo fan mei?" – „Heute schon gegessen?" oder: Wie geht's?

luftgetrockneter, gesalzener Fisch ist eine Spezialität von Tai O

Als wir ankamen, hatten sie dem weisen Gastronomen schon eine Gasse durch die Gemeinde gebahnt. Die *Hakka*-Frauen trugen nicht ihre schwarzen pyjamaähnlichen Gewänder mit den roten Quasten, sondern Weiß, die Trauerfarbe. Dumpf dröhnten die Trommeln, blechern klirrten Gongs, schrill zitterten Zimbeln. Einige Verwandte trugen ein Porträt des verstorbenen Dorfältesten. Sie hatten bündelweise Papiergeld mitgebracht, mit dem sich der Tote in einem anderen Land Annehmlichkeiten erkaufen sollte. Es ging in Flammen auf, ebenso wie das Pappauto, zur Fortbewegung für „drüben" gedacht. Kein Rolls Royce, kein BMW, wie bei den „beautiful people" der großstädtischen Geschäftswelt, sondern, ganz praktisch, ein Toyota Truck.

Vor dem Totenschmaus kam der Schmaus für den Toten: Auf Zhungs Anweisung bauten die Dörfler Speisen am Grab auf. Links die Dinge, mit denen die *Shen*, die taoistischen Geister, beruhigt werden sollten, rechts, was dem Verblichenen als Stärkung dienen sollte: Orangen, Reis, gebratenes Huhn. Weil die Speisenfolge am Grab den Rang des Toten erkennen läßt, hatte Zhung schon Tage zuvor mit der Trauerfamilie gesprochen und Anweisungen gegeben: Ein „goldenes Schwein" wurde am Grab gezeigt und dann zum Essen gereicht; das Spanferkel hatte durch eine Zuckerglasierung die glänzende Glücksfarbe angenommen.

In seinen letzten Lebensjahren sah Zhung sein Wissen immer weniger gefragt. Das verbitterte ihn, den so Lebenslustigen, dann doch ein bißchen. Zwar schwärmte er noch immer vom „Bettlerhuhn" mit Lotusaroma, das in seinem Lieblingsrestaurant „wie von selbst" aus der Lehmform herausspringe, zwar füllte er noch selbst gelegentlich die Garnelen mit Reiswein ab und ließ sie – Tierfreunde weghören! – unter der Glasglocke trunken werden,

um sie dann bei lebendigem Leib zu garen, aber die „Verwilderung" der Hongkonger Eßsitten machten dem Puristen ganz schön zu schaffen. Er haßte es, daß in den Lokalen der Neureichen der XO-Kognac mit Namensschild für Stammgäste aufbewahrt wurde und der „westliche" Alkohol zu chinesischen Spezialitäten gereicht wurde – „paßt überhaupt nicht zusammen", meinte Zhung (und wir teilten seine Meinung). Vor allem aber schmerzte den Alten, daß die Kinder „das gute Essen verlernten" und Schnellrestaurants, wie „McDonald's", den Garküchen vorzogen. Es ist nicht zu leugnen: Mehr als zwei Dutzend der Hamburger-Tempel haben sich schon Ende der Achtziger in Hongkong breitgemacht und auch wegen der Dumpingpreise – umgerechnet eine Mark pro Cheeseburger – den Dumpling-Treffs das Geschäft weggenommen. „Dabei war auch das mit den Restaurant-Ketten unsere Idee", klagte Zhung.

In der Tat: Schon im zweiten Jahrhundert vor Christus hatte der Minister Jia Yi den Einfall, die gesamte Nordgrenze des Reichs mit Einheitsgaststätten zu bestücken, um angreifende Barbaren bei Kostproben von der Überlegenheit chinesischer Lebensart zu überzeugen. Der Plan war dann aber doch verworfen worden. Die Staatsführung hatte Angst, daß die wilden Reiter aus dem barbarischen Norden sich mit den Delikatessen womöglich nicht zufrieden gäben, sondern die Köche gleich in ihr Reich mitverschleppten. „Na, wenigstens diese Gefahr besteht jetzt nicht", sagte Zhung trocken. „Wir werden keinen von McDonald's hierbehalten, damit er uns in die Kochkunst einweist". Und dann schüttelte er sich ob der Big Macs, für ihn ein kulinarischer GAU.

Uns konnte das westliche Fast-food weder schrecken noch reizen; wir hielten es – und halten es – in Hongkong immer mit *Dim sum* als Mittags-Snack. *Dim sum* bedeutet etwa „das Herz berühren" oder „kleines Herz", und es gehört zur kantonesischen Küche wie die Brotzeit zur bayrischen, oder Hors d'œuvres zur französischen. Keiner der Vergleiche trifft es so richtig, weil *Dim sum* eben etwas Einmaliges ist. Es gibt Hunderte Variationen dieser Köstlichkeit, mindestens ein halbes Dutzend verschiedener Häppchen sollte man beim Mittagssnack probieren. Besonders beliebt: *Guon tong gau*: gedünstete Ravioli mit Schweinefleischfüllung, *Har gau*: Garnelen-Dumpling, „Au yuk": Rindfleischbällchen. Aber natürlich berühren das Herz und schmeicheln dem Gaumen auch die Lotusblätter mit gebratenem Reis, die Hühnerrolle im Bohnenquark, die süßen Taro-Pastetchen – es (dim)summiert sich. Kein Hongkong-Chinese, der nicht einem westlichen Gast stolz seine Favoriten präsentierte.

Und das Gute ist: Die *Dim sum* kommen zum Gast gerollt. Sie sind in runden Bambusgefäßen zubereitet, die frisch auf einen Teewagen getürmt und dann von Tisch zu Tisch gefahren werden. Jeder nimmt, was ihm gefällt; alles kommt dampfend aus der Küche. Bezahlt wird nach Anzahl der aufeinandergetürmten Bambusbehälter. Heruntergespült wird das Ganze mit Tee, der in einer Kanne auf jedem Tisch steht. Ist das Wasser verbraucht bis auf die Blätter, nimmt der Gast einfach den Deckel von der Kanne und legt ihn umgedreht auf den Rand: Ein Zeichen für den Kellner, sofort frisches Wasser zu bringen.

Viele der besten Dim-Sum-Restaurants wirken für den Fremden wie lieblose Kantinen, riesengroß, schmucklos; andere haben, wie das legendäre *Luk Yu Teahouse* auch noch ihren atmosphärischen Charme bewahrt – aber sie sind eher die Ausnahme. Die *Yum cha shops*, die eigentlichen Teestuben zum gemütlichen Klatschen und Tratschen, wie sie in Hongkong so lange Tradition waren, sind im Aussterben begriffen – und das war für den greisen

Zhung wohl die traurigste Nachricht, denn es bedeutete für ihn das Ende einer Lebensart. Für ihn und seinen Vogel.

Seit Zhung zurückdenken konnte, hatte er am späten Morgen den Käfig mit seinem kleinen Sänger eingepackt, war in ein Teehaus von *Causeway Bay* gefahren und hatte den Käfig dort an einer der dafür angebrachten Bambusstangen aufgehängt. Während er sein Pfeifchen rauchte, Tee trank und mit anderen Rentnern die neuesten Nachrichten über Börsenkurse, Pferdewetten und empfehlenswerte neue Restaurants austauschte, tirilierten und kommunizierten auch die gefiederten Freunde untereinander.

Schön war das und gemütlich. Aber nicht gerade einträglich für die Besitzer, die immer wieder nur Wasser aufgossen, für Mensch wie Tier. So verschwanden die Teehäuser. Eines nach dem andern machte Platz für Bürotürme, Wohnsilos und andere Geldmaschinen. Eines Tages war dann auch unser greiser Lehrer Zhung verschwunden, verstorben, als wir auf Auslandreise waren.

Sein Sohn, der in Kanada studiert hatte, übernahm die alte Apotheke und renovierte sie zu unserem Mißvergnügen von Grund auf: Penicillin statt getrockneter Seepferdchen, Hustensaft von *Bayer* statt Ginseng-Schnaps. Er stand im geschniegelten Leinenanzug hinter der alten Holztheke und las die *Financial Times*, als wir mal wieder vorbeischauten. Doch als wir uns als Freunde des Vaters zu erkennen gegeben hatten, erzählte er stolz und mit großem Ernst, er wolle die Gebeine des Toten säubern, wie es die Familientradition vorschrieb. Und selbstverständlich jährlich Picknick halten auf dem Friedhof, Spanferkel für ihn wie für den Verblichenen, natürlich die neuesten Ereignisse berichten – das sei wichtig für den Ahnen, aber auch für ihn selbst: Er könne nur reüssieren, wenn der Vater nicht als hungrige Seele durch die Welt irrte.

Keine Sentimentalität, sondern kühle Güterabwägung kennzeichnen also die Einstellung in der Kronkolonie zum Essen – und ein eigener Hongkong-Stil. Davon zeugen mehr als 30 000 Restaurants und Garküchen, auch das, pro Kopf der Bevölkerung, ein Weltrekord. Nirgendwo kann man so sicher sein, daß schon an der nächsten Ecke ein hervorragendes Essen brutzelt und auf den Gast wartet. Und nie wird ein Koch ganz mit sich zufrieden sein – so wie der Perfektionist in unserem Lieblingsrestaurant, der uns die Sache mit der Suppe vor dem Hauptgericht beibringen wollte.

Er ließ es sich selten nehmen, uns noch einmal an der Tür seines Restaurants abzufangen. Während wir in Komplimenten schwelgten und unsere Anerkennung angemessen auszudrücken versuchten, stand dem Meister ganz anderes im Sinn. „Ich hätte ihnen vielleicht doch die *Shark's Fin* empfehlen sollen, oder die Szetschuan-geräucherte Ente", sagte er, nachdenklich noch einmal seine Spezialitäten variierend. „Ich entschuldige mich bei ihnen für das höchst durchschnittliche und bescheidene Mahl, das ich ihnen vorsetzen ließ".

Den Tiger umarmen

Ein gleitendes Schweben, als gäbe es Spinnfäden von einem Tänzer zum andern. Ein harmonisches Zueinander und Voneinander der Körper. Ein sanfter Gleichklang wie auf einem unsichtbaren Schaumteppich: Ballett im Zeitlupentempo, getanzt von Laien, mitten in der Großstadt. Chinesischer Frühsport.

Manchem reicht dafür schon der Grünstreifen zwischen den Schnellstraßen, oder ihr Hinterhof. Aber schöner ist es schon am Hafen, wo der frische Salzwind morgens um sechs auch im stickigsten Sommer erfrischend weht. Wir bevorzugen als Ort für *Tai-Chi*, für das Schattenboxen, den Joggerpfad an der Bowen Road, der sich, *Midlevels*, auf halber Höhe um die Stadt auf der Insel zieht (auch aus sentimentalen Gründen, weil wir dort in einem dreistöckigen alten Haus unsere erste Hongkong-Wohnung hatten; 120 Quadratmeter für über 7000 Mark pro Monat). Oder den überraschend charmanten, kleinen Botanischen Garten mit seinen Flamingos und 280 anderen Vogelarten, direkt über dem Government House, nur wenige Minuten vom absoluten Zentrum der Queen's Road entfernt; er wird von Touristen selten besucht. Oder, absolute Spitze, die Grünflächen am *Peak*, dem Wahrzeichen von Hongkong Island.

Zwei Wege gibt es da hinauf, einer schöner als der andere. Berühmt ist die *Peak Tramway*, die keine Straßenbahn ist, sondern eine Schienen-Drahtseilbahn. 1888 gebaut, machte sie den steilen Hügel als beste Wohnlage erst richtig populär – denn die Tram ist und bleibt immer noch ein „reguläres" Verkehrsmittel für „die da oben", die zur Arbeit hinunter in die Stadt müssen. Sportlicher noch führt ein anderer Weg nach oben, der *Chatham*-Pfad, der größtenteils an der Tram entlangführt und ebenfalls einen Steigungswinkel bis zu 50 Grad erreicht.

Der Blick vom *Peak* hinunter in den Spargelwald der Hochhäuser, hinüber nach *Kowloon* und auf die Flugzeuge, die wie Spielzeuge auf *Kai Tak* niedergehen, auf die weiter draußen liegenden Inseln und all die kleinen Boote, die sie verbinden, ist oft atemberaubend. Alles wirkt von hier oben erträglicher: im Sommer die extreme Hitze und Luftfeuchtigkeit, im Winter die Regenschauer und die tiefhängenden Wolken. Und doch haben wir als Morgensportler wenig Zeit zu verlieren, schlagen uns gleich oben am *Lugard*-Pfad „in die Büsche", auf den Rundumweg um den *Peak*. Nie schaffen wir es vor sechs Uhr dreißig – wir wissen, das Programm der Tai-Chi-Fans hat schon begonnen.

Wo der Pfad sich zu einer kleinen Grünfläche ausweitet, gut einen Kilometer von der Peak-Tram-Endstation stehen sie: ein Dutzend alter Damen, fünf Männer, in Morgennebel gehüllt. Wie in Trance heben sich Arme auf Schulterhöhe, weisen Handflächen präzise nach unten, sind Ellenbogen zielgerichtet abgewinkelt. Das Gewicht wird jetzt auf den linken Fuß verlagert, ein Halbkreis mit der rechten Hand in die Luft gezirkelt. Unausgesprochen wissen alle, wie es weitergeht, und auch wir lernten nach einigen Monaten zumindest den Ablauf der wichtigsten der 108 Übungen, die alle ihre Namen haben. Die Turner sind noch ganz am Anfang des Programms, beim „Vogel-am-Schwanzpacken". Jetzt kommt die „einfache Peitsche"; dann „der weiße Kranich breitet seine Flügel aus". Später „Den Tiger umarmen und zum Berg zurückkehren". Höchste Zeit, sich einzureihen.

Keiner grüßt. Keiner schaut auf. Nur Lui Choi Shing Wa läßt mit einem sanften Kopfnicken erkennen, daß sie uns gesehen hat. Die weißhaarige alte Dame war schon achtzig, als wir uns kennenlernten, doch gelenkig und graziös wie eine Gazelle. Sie konnte nur wenig Englisch und sprach nicht gern über ihr Leben. Wir erfuhren nur nach und nach, welch hartes Schicksal die Tai-Chi-Meisterin geprägt hatte: 13 Kinder hatte sie zur Welt gebracht, eine schwere Tuberkulose erlitten; von familiären Schicksalsschlägen und politischer Verfolgung in der Kulturrevolution raunten ihre Freundinnen.

Lui Choi hatte alles überwunden, auch dank ihrer Energie aus dem *Tai-Chi*. Sie schien die kreisenden Bewegungen von Natur aus zu beherrschen – unsere eigene Ungelenkigkeit trieb uns fast zur Verzweiflung. Dabei mußten wir anfangs nur das tiefe Einatmen üben, das langsame Heben und Rotieren der Arme. Es sah so lächerlich einfach aus und erwies sich im Zeitlupentempo

doch als so unendlich schwierig. Wenn wir wieder einmal den Rücken rundgebogen hatten, hieb sie in den ersten Stunden mit dem Stock darauf. Das sollte heißen: Gerade halten, als ob man einen Stock verschluckt hat. Und gelegentlich strafte sie uns mit ihrer englischen Lieblingsvokabel: „Ugly", häßlich war der Bewegungsablauf.

„Schattenboxen" ist eine hochgradig irreführende Bezeichnung: Westliches Boxen verhält sich zu den sanften chinesischen Übungen etwa so wie die Vergewaltigung zu Zärtlichkeit. Der chinesische Name *Taijiquan* hilft auch nicht viel weiter: *Tai-Chi*, ein schwer übersetzbarer philosophischer Begriff, bedeutet etwa „das große Elementare", und *quan* kommt in der Tat „Boxkampf" nahe. Auch hier spielt die über 3000 Jahre alte Philosophie des Yin und Yang eine wesentliche Rolle, wie beim Essen, wie in der Medizin: Die Gegenpole repräsentieren für Taoisten Ruhe und Bewegung, Zusammenziehen und Öffnen. Im ständigen Wechselspiel dieser Gegensätze entfaltet sich dann Qi, die Lebensenergie.

Bei einem Kranken, glauben die Chinesen, hat sich die kosmische Ur-Energie entlang einer der durch den Körper laufenden Qi-Linien, den Meridianen, gestaut; durch Einwirken auf den entsprechenden Punkt kann das Leiden positiv beeinflußt werden – etwa durch eine Akupunkturnadel. Damit es erst gar nicht zu einer Störung kommt, muß die innere Energie regelmäßig gestärkt und kultiviert werden. Das schafft eine bestimmte tiefe Atemtechnik, der erste Teil des *Taijiquan*: Durch morgendliche Konzentration läßt sich eine Idealmenge Sauerstoff wie Kraftnahrung „frühstücken". Ein im Ablauf genau definiertes Bewegungssystem, in dem es keine Unterbrechungen gibt, und nur fließende Übergänge, setzen diese Energie frei. Deshalb hat im Schattenboxen jede Bewegung ihren Widerpart: Auf jedes Heben folgt ein Senken, auf jedes Vorwärts ein Rückwärts, auf jedes Energie-Sammeln ein Energie-Aussenden.

Drei Wirkungen werden dem Schattenboxen zugeschrieben, und keine, so heißt es, sei ganz ohne die andere denkbar: Gesundheitspflege, Selbstverteidigung und Meditation. Am schwersten ist für uns „Westler" das Meditative beim Schattenboxen nachzuvollziehen, das angestrebte Insich-Ruhen, das Sich-Lösen vom Intellekt, die beabsichtigte Verlagerung zur „Mitte des Menschen", die sich nach daoistischer Auffassung unterhalb des Nabels befindet. Das sind Vorstellungen von einer religiösen Intensität, die schwer aus dem Lebens- und Erfahrungsbereich des Fernen Ostens zu „transportieren", zu transformieren sind. Schwierig ist es auch mit der hohen Kunst der Selbstverteidigung durch Schattenboxen – fernöstliche Meister haben sie nur an wenige, ausgesuchte Schüler in Europa und in den Vereinigten Staaten vermitteln wollen und können. Manche Lehrer sind tatsächlich in der Lage, nur mit einem leichten Verteidigungsstoß der Handfläche, ohne sichtbare Wucht, Schläge abzuwehren. Um Austeilen geht es nicht: *Taijiquan* ist ein defensiver Kampfsport, einer, der den Gegner kommen läßt, eine Art sanfte Schwester der härteren *Kung Fu*-Varianten.

Der Bewegungsablauf, der bis heute die Grundlage der *Tai-Chi*-Übungen bildet, gilt als Erfindung eines Mönches von einem berühmten Ort: Zhang Sanfeng soll im *Shaolin*-Kloster bei Luoyang in Mittelchina im 12. Jahrhundert gelebt und meditiert haben. Besonders faszinierte den heiligen Mann ein Kampf in der Natur, den er immer wieder beobachtete: die Auseinandersetzung zwischen einem Greifvogel und einer Schlange. Mehrmals entging die Schlange den wütenden Angriffen aus der Luft, indem sie sich vor dem Räuber geschickt zur Seite wand. Als der Vogel müde wurde, lud sie ihn durch vorgetäuschte Erschöpfung ein letztes Mal zur Attacke ein – und schlug blitzschnell selber zu. Diese Fähigkeit „Stärke durch Schwäche zu gewinnen", imponierte dem Mönch und brachte ihn dazu, einen weichen Kampfstil zu schaffen, *Taijiquan*.

Die Pflege jeglicher Art von Kampfsport war bis in dieses Jahrhundert hinein eine Sache von abgeschlossenen daoistischen Zirkeln, also von Klöstern und Geheimgesellschaften. Populär wurden Übungen erst Anfang dieses Jahrhunderts. Auch Mao Tse-Tung kannte ihren Wert für die Gesundheit und propagierte sie in seinen frühen Jahren; später, an der Macht, versuchte er allerdings die philosophisch-religiösen Aspekte in den Hintergrund zu drängen, und während der Kulturrevolution war der Kampfsport als „subversiv" gänzlich verboten. Auch in Hongkong versuchten die „Roten Garden" bei ihren Attacken Anfang 1967 das Schattenboxen abzuschaffen; doch ihre Monate der Anarchie verschwanden wie ein Spuk. *Tai-Chi* festigte seine Stellung und trat in den achtziger Jahren – im Rahmen der Esoterik-Welle – auch seinen Siegeszug in den Westen an.

Langsam lernten wir den Bewegungsablauf zu beherrschen, wenngleich wir die Abfolge aller 108 Übungsteile ohne Anleitung nie zustande brachten. Es rächt sich, wenn man einige Wochen aussetzt und dann mit den morgendlichen „Profis" am *Peak* wieder mithalten will: Fehler schleichen sich ein, Ungenauigkeiten. Alles macht mehr Mühe als früher. Doch auch dieser Tai-Chi-Morgen nimmt ein Ende. „Die tiefe Schlange" und „Den Bogen spannen" – jetzt sind es nur noch wenige Bewegungen bis zur 108. Übung. Langsam die Knie strecken, gleichzeitig die gekreuzten Hände senken, die Handflächen nach unten. Fertig.

„Nicht schlecht", sagen höflich die beiden alten Männer. „Ugly", sagt Lui Choi Sing Wha. Gott sei Dank lächelt sie dabei. ◀

Fungshui („Wind + Wasser"), Jahrtausende alte Wissenschaft von der Harmonie mit der Natur herrscht noch heute über den Alltag

Fungshui-Meister Loo Kuk studiert seinen Kompaß „Lo Pan"

Fungshui - Aquarien sind keine Deko, sondern Glücksbringer

73

Mit Spiegeln sollen die „bösen Geister" der Hochstraße vertrieben werden

dieser Taxifahrer vertraut lieber der roten Fahne Chinas

Shanghai Street, Maugkok – 362. 000 Menschen pro Quadratmeile

da verwandelt sich ein Zweisitzer leicht in einen Vierer

Kinderpagen auf einer Wohltätigkeits-Gala des Peninsula Hotel

Ballettschule in Tsimshatsui

Luxus pur – Marmorpool im Mandarin Hotel

die Maschen im Sozialen Netz Hongkongs sind groß

Was bringt mir die Zukunft? Wahrsager, Tin Hau-Tempel

Urnenhochhaus für 20.000 Seelen auf dem Friedhof von Chai Wan, auch die Toten müssen zusammenrücken

Papierlimousinen begleiten Verstorbene ins Krematorium

deutsche Fabrikate für das Leben nach dem Tod sind sehr beliebt

85

Mäuseembryos, Mittel gegen Altern

chinesische Apotheke: die Rezepte werden frisch zubereitet

Straßenkiosk mit üppigem Pornoangebot, Wanchai

geheiratet wird zuerst im Western-Style, Tsimshatsui

preiswerter Mittagstisch, Food Market in Yaumatei

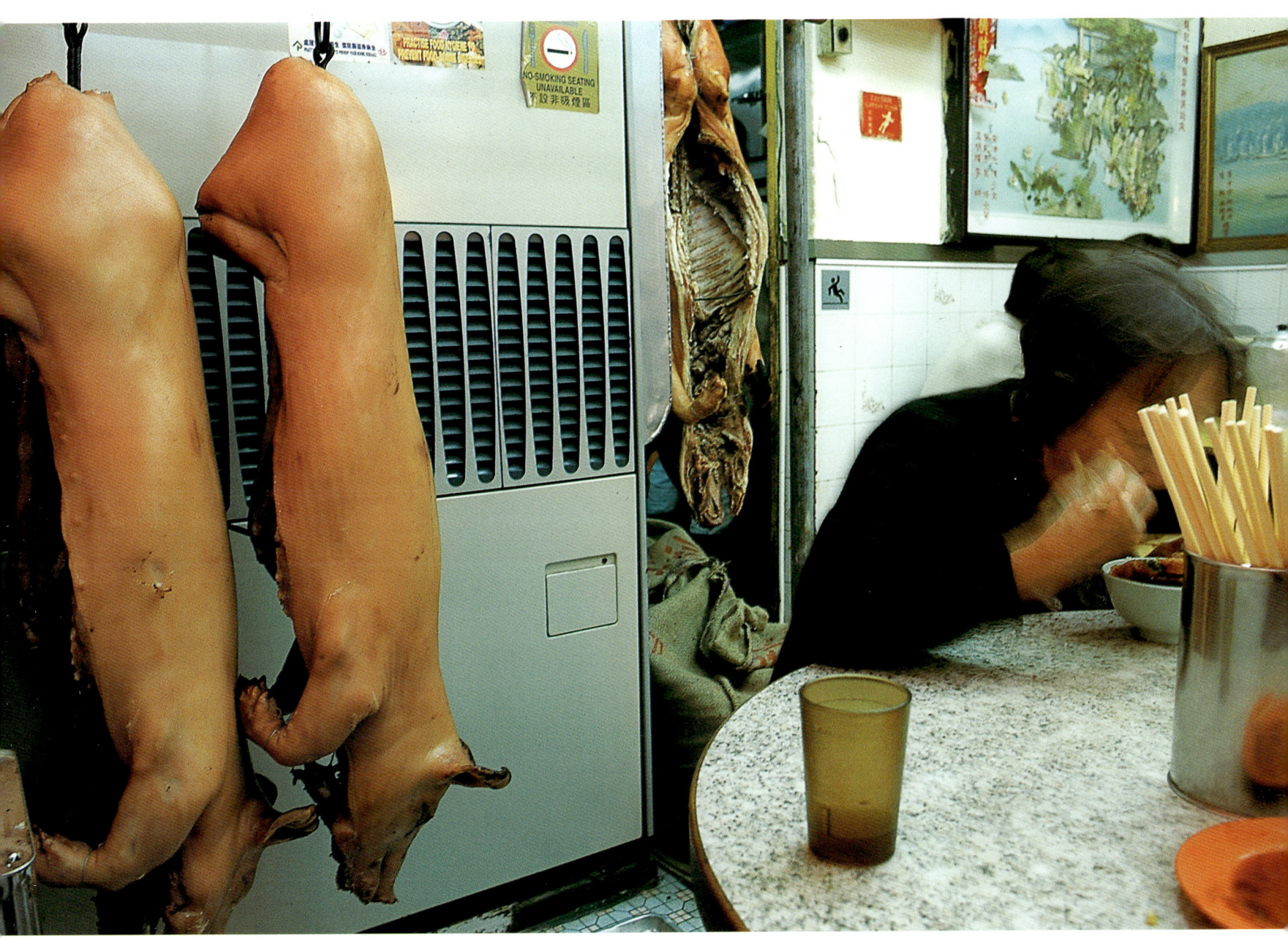

frische Schweinehälften, Restaurant im Western District

traditionelles Dim Sum Restaurant in der Johnston Road, Wanchai

die Küche, Bambustürme, die „das Herz berühren"

Goldkarpfen als Glücksbringer einer Konditorei in Wanchai

94

Produktion von Krabbenpaste, Lantau

„Picture? Fifty Dollars!" – Hakka-Frauen, Wehrdorf Kat Hing Wai

eine andere Welt : Modestudentin an der PolyTech

Trainingsbecken auf dem Dach des University Rowing Club, Shatin

Drachenbootrennen, Aberdeen

Bambus, im Gerüstbau unersetzbar

Teamarbeit – Fassadenreinigung unter Hochdruck

Bambus verbindet
Stärke + Flexibilität

ein gefährlicher
Arbeitsplatz mit
hoher Unfallrate

Länger als die Golden Gate Bridge, die Brücke nach Lantau

Hunderte von Frachtern liegen im Hong Kong Harbour

Zu Ehren der Schutzpatronin der Fischer, Tin Hau Tempel, Yaumatei

das Räucherwerk macht das Atmen schwer

Die riesigen Weihrauchspiralen im „Smoke Tower" des Man Mo-Tempels in der Hollywood Road brennen bis zu zwei Wochen

Jede Spirale ein Gebet des Spenders

traditioneller Händler im Western District

Reishändler mit drei unentbehrlichen Helfern

236 Inseln und das „andere" Hongkong

Noch keiner hat Hongkong verlassen, ohne daß ihm jemand erzählt hat, wie schön diese Stadt früher war: Kaum Hochhäuser und angeblich längst nicht so hektisch und eine viel bessere Luft und geduldigere, entspanntere freundlichere Menschen und die alten, gemütlichen Sampan-Boote... So ging es auch uns, als wir 1980 in die Kronkolonie kamen, um uns eine Wohnung für die nächsten fünf Jahre zu suchen: Alle schwärmten, wie idyllisch es in Hongkong in den Jahrzehnten zuvor war.

Tatsächlich wohnten einige unserer Freunde und Kollegen noch in schönen alten Häusern, etwa oben am *Peak* oder in *Stanley*, das noch ein fast unverbautes Dorf war. Sie hatten alte chinesische *Amahs*, die ihnen den Haushalt besorgten und Butler, die durchs Haus schlurfend Cocktails reichten. Sie lebten, fühlten, atmeten, was Anfang der Achtziger in Hongkong überall zurückgedrängt wurde: Tradition, Atmosphäre. Als wir suchten, gab es praktisch keine alten Villen mehr zu mieten, ganz abgesehen von den horrenden Preisen; in den einigermaßen erschwinglichen *Midlevels*, auf halber Höhe der Insel zum *Peak* und doch stadtnah, entstand ein Wolkenkratzer am anderen. Überall entstanden neue Baustellen, auf denen es hämmerte und dröhnte.

So sehnten wir uns nach einer besseren Zukunft und träumten von einer intakten Vergangenheit. „Wird mal eine schöne Stadt, wenn sie erst fertig ist", hieß der eine Spruch, der damals umging. „Muß eine tolle Stadt gewesen sein, bevor sie von der Abrißbirne übernommen wurde," der andere.

Als wir dann die obere Etage in einem ziemlich alten, nur dreistöckigen Haus für uns gefunden hatten, mit einer Veranda auf dem Dach und einem unverbauten Blick hinunter zum Hafen, hielten wir das für akzeptabel, aber eben nur Durchschnitt. Und dachten an die Kollegen, die schon länger da waren: Hatte nicht ein Herr vom deutschen Fernsehen eine ganze Villa bewohnt, umschwärmt von Chauffeuren, Butlern, Amahs? Nannte nicht ein anderer Kollege ein altes Herrenhaus voller Atmosphäre oben am Peak sein Reich?

Das andere Hongkong existierte also zuallererst einmal in unseren Köpfen: Es war das vergangene Hongkong. Erst als auch einer der journalistischen Dinosaurier des Gewerbes, wie Christian Roll von der *Süddeutschen Zeitung*, erster deutscher Korrespondent vor Ort, und zwar Anfang der Fünfziger, von den schönen Zeiten vor seiner Zeit erzählte, machte uns das stutzig: Früher, vor seiner Zeit, hätte es die wunderbarsten Antiquitäten gegeben, kein Nepp in Wanchai, noch keine Japaner – Suzy Wong statt des heutigen „Suzuki Wong". Also waren auch die gestandenen „Hongkong Hands" Hongkong-Nostalgiker. Und auch wir wurden es inzwischen: Arme Neuankömmlinge in den neunziger Jahren – wo ist ihr Blick von den *Midlevels* auf den Hafen, wo überhaupt ist der alte Hafen, durch Landgewinn ständig nach vorne geschoben, und dadurch einfach häßlicher geworden?

Wir lernten schon einige Monate nach der Ankunft die Vorteile unseres kleinen Apartments schätzen: Es lag nur wenige Minuten vom Zentrum und von den Märkten. Es ließ sich auf der Bowen

Road wunderbar joggen und am Eck, hoch zum *Peak*, hielten alle Minibusse und nahmen jeden mit, der winkte. Wir lernten auch unseren Vermieter schätzen, einen englischen Oberhaus-Lord, der, wenn er nicht sturzbetrunken war, was leider häufiger vorkam, einen eigenwilligen Humor entwickeln konnte. Seine philippinische Frau, erzählte er beispielsweise in ihrem Beisein, habe er „auf einer dieser Inseln da unten" gefunden: „Ich fuhr mit meinem Wagen um eine Kurve, und da sah ich sie auf einem Bananenbaum sitzen, wohl eine Eingeborenensitte; jedenfalls nahm ich sie in die Zivilisation mit und heiratete sie dann."

Seinen Wagen mit Fahrer, den uns der Adelsmann (er ging zurück nach England ins House of Lords) zum günstigen Monatspreis anbot, brauchten wir wegen unserer vielen Reisen nicht. Der Chauffeur fand eine andere Anstellung und legte von seinen 800 Mark Monatsgehalt, eisern sparend, etwa 600 für die Erziehung seines Sohnes an, den er in Kanada studieren ließ. Er wußte, der Nachkomme würde das Opfer ehren und seinem Vater den Lebensabend bezahlen: Ausbildung des Kindes auch als Weg nach „oben", in eine andere Gesellschaftsschicht.

Doch Miguel übernahmen wir: Der Philippino von der Insel Bohol kochte, putzte und wusch für uns, er zeigte uns die Märkte und die kleinen, günstigen Geschäfte. Wir gingen am Sonntag manchmal mit ihm zur philippinischen Fiesta, wenn die ganze Innenstadt zum „Klein-Manila" wird, zur brutzelnden, schnatternden Garküche, zum Picknick-, Handel- und Umtauschplatz. Denn sonntags haben alle *Houseboys* und *Amahs* frei. Längst gibt es mehr philippinische als chinesische „domestic helpers" in der Kronkolonie. Zehntausende finanzieren mit ihren Gehältern, die sie größtenteils heim an ihre Verwandtschaft schicken, ganze Landstriche und Dörfer.

Wir lernten am Anfang in Hongkong nicht viele Chinesen kennen, schon gleich gar nicht deren Wohnungen, und das lag nicht nur am Sprachproblem: Chinesen laden ungern zu sich nach Hause ein, sie behalten sich ihre direkte Umgebung für die Familie vor. Einen Alteingesessenen, der sich wirklich auskannte im „anderen" Hongkong – räumlich wie zeitlich –, stellten uns dann Freunde vor. Er lebte in einem urgemütlichen, vollbepackten und von außen ziemlich heruntergekommenen Hochhausappartement und wirkte mit seinem silbergrauen Haar sehr distinguiert, sehr britisch: Austin Coates, britischer Kolonialbeamter, Magistrat, Richter. Als Beauftragter für chinesische Angelegenheiten in den *New Territories* sprach er von 1952 an sieben Jahre lang in den ländlichen Gebieten der Kronkolonie Recht. „Ich, ein Mandarin", pflegte Coates lächelnd zu sagen (und „Myself, a Mandarin" nannte er dann auch seine Lebenserinnerungen). Der Mann war eine Fundgrube für ungewöhnliche Geschichten, die er gern bei einem Glas Port und Zigarre erzählte. Da war zum Beispiel die Sache mit dem Schwert. „Wir lebten zumindest äußerlich in Hongkong damals noch in der viktorianischen Ära. Ich sollte allen Ernstes bei der Ausübung meiner Tätigkeit ein Zeremonienschwert tragen, Teil einer kostbaren weißen Uniform mit Goldborte, polierten Knöpfen, Achselschnüren und diesem unvermeidlich-scheußlichen Symbol des Imperiums: dem Tropenhelm." Coates war hin- und hergerissen zwischen Pflichtbewußtsein und gesundem Menschenverstand: „Seit ich Theaterliteratur studiert hatte, war in mir ein Sinn für Fehlbesetzungen entstanden. Der Tropenhelm stand mir noch leidlich, aber das Schwert mit dieser langen Klinge baumelte mir immer zwischen den Beinen herum, weil ich so klein bin: Es sah lächerlich aus, und ich war in Gefahr, den letzten Rest Autorität zu verspielen."

Coates setzte – wie sich herausstellen sollte, zurecht – darauf, daß er in den damals noch völlig bäuerlichen Gebieten zur chinesischen Grenze hin, keine Inspektionsbesuche aus London zu befürchten hätte. Er „vergaß" das Schwert. Aber das befreite ihn nicht davor, auch in Fällen, auf die er in keiner Weise vorbereitet war, Recht zu sprechen. Zum Beispiel in der Sache mit der fremdgrasenden Kuh, seiner ersten Feuerprobe als *Li Man Fu*, als Magistrat mit besonderen Kompetenzen.

Mehrere Dorfbewohner stritten um die Kuh. Eine Frau beklagte besonders, daß sie in einem fremden Dorf das Gras fresse. Coates überlegte schon ver-

zweifelt, was er über Weiderechte wußte. Doch darum ging es nicht. Nach stundenlangem Einkreisen des Themas stellte sich heraus, daß die Einheimischen das Tier nur als Metapher benutzten: Die Frau wollte die Kuh wieder dort weiden lassen, woher sie gekommen war – sie suchte die Trennung von ihrem Mann. Nach hartnäckigem Nachdenken stellte sich dann auch heraus, warum: Die Konkubine des immerzu schweigenden, mit gesenktem Kopf herumstehenden Bauern hatte einen Sohn geboren, die Erstfrau fühlte sich zurückgesetzt und betrachtete ihre Kinderlosigkeit als Schande. Nun wollte sie zurück ins Dorf der Väter mit ihrer einzigen Mitgift, der Kuh. Der Mann wollte sich heraushalten, nach seiner Vorstellung sollte alles beim alten bleiben.

„Ich wußte nicht, was ich darüber nach britischem Recht hätte sagen sollen. So vergaß ich meine juristische Vorbildung, die sowieso nicht eindrucksvoll war," erzählte Coates. „Ich hielt statt dessen eine richtige Moralpredigt. Ermahnte die Zweitfrau mit dem Kind, ihren Status nicht auszuspielen; schalt die Erstfrau mit der Kuh, es doch noch einmal im Familienverbund zu versuchen; hielt den Mann zur Versöhnung an. Rätselhafterweise akzeptier-

ten alle mein salomonisches Wort und trollten sich. Womöglich ist es ein gutes Zeichen: Ich sah sie nie wieder. Ich hatte, unter dem Porträt Ihrer Majestät, der Königin, die Harmonie wiederhergestellt – die Harmonie unter Konkubinen."

Wer heute in die *New Territories* fährt, um romantisches Landleben, ursprüngliche Dorftraditionen und unverbaute Einsamkeit zu suchen, wird schwer enttäuscht sein: Das „Land dazwischen", wie die Einheimischen das Gebiet jenseits von *Kowloon* und *Victoria* hin zur Grenze nennen, hat seinen Charakter in den letzten 30 Jahren völlig verändert: Die Territorien, das Festlandsgebiet nördlich der Berge und Hügel von den „Neun Drachen" gelegen, ist kein bäuerliches Gebiet mit Gemüse- und Reisfeldern, Ententeichen und Hühnerfarmen mehr, wie es Pearl S. Buck in ihrem Buch „Die gute Erde" beschrieben hat. Die Wasserbüffel mit grobem Holzgeschirr, die einst schlammige Felder pflügten, sind von Toyota-Trucks ersetzt. Sie quälen sich jetzt durch endlose Verkehrsstaus. Überall Industriegebiet und Satelliten-Schlafstädte zur „Entlastung" des überfüllten Kowloon und Victoria. Oft sind es ausgesprochen häßlich anmutende Neubauviertel, die als Fortschritt nur für den erkennbar werden, der – wie so viele Hongkong-Arbeiter – ein Leben lang in winzigen Wohnungen ohne Toilettenspülung und fließendem Wasser gelebt hat.

Neun *New Towns* und *Rural Townships* preist die Kolonialregierung als ihr Werk, am Reißbrett entworfen und durch dem Meer abgerungenes Land vergrößert: Tsuen Wan etwa, 1960 noch kaum existent, heute 700 000 Einwohner; Tai Po, einst ein Dorf von 2000, heute eine Stadt von 260 000 Menschen; Fan Ling an der Grenze, einst ein Weiler mit ein paar Hundert Einwohner, heute 170 000. Auch aus den alten Dörfern um Shatin ist eine eindrucksvolle Großstadt geworden, mit mehr als einer halben

Million Menschen und einer besonderen Attraktion: dem „Race Course". Auf der supermodernen Pferderennbahn für fast 50 000 Zuschauer wird mehr Wettgeld umgesetzt als auf allen deutschen Rennbahnen zusammen; Tagesrekord 153 Millionen US-Dollar. Da wirkt das nahegelegene, sehenswerte Dörfchen *Tsang Tai Uk* wie ein Freilichtmuseum, wie ein kostbares Relikt aus alten Zeiten. Mit seinen mächtigen Mauern und Ecktürmen bietet das „Große Haus des Tsang", errichtet von einem reichen Steinbruchbesitzer um 1850 für seine ganze Sippe, ein gelungenes Beispiel für die befestigten Siedlungen, wie sie hier früher vorherrschten.

Und der „Tempel der 10 000 Buddhas" (in Wirklichkeit sind es sogar 12 800 kleine Buddhafiguren) beherbergt sogar noch seinen Gründer. Der Mönch Yuet Kai, der 96 Bücher über den Buddhismus verfaßte, ist einbalsamiert und mit Goldblättchen abgedeckt, in einem Glaskasten zu sehen.

Die alten befestigten Dörfer, wie etwa *Kam Tin*, sind Touristenattraktionen geworden, wo ohne Eintritt und Bezahlung pro Bild nichts mehr geht: Hier haben um das Jahr 1600 die Angehörigen eines Familienclans in einer viereckigen, komplett von einer Mauer umzogenen Siedlung gewohnt – sie schützten sich so vor Piraten. Wer aber jenseits des Trubels um Andenkenläden und Fotoerlaubnis noch etwas „entdecken" will, muß sich gezielt durchfragen. Beispielsweise nach den *Ancestral Halls*, einem bäuerlich-chinesischen Äquivalent für unsere christlichen Kathedralen. Sie liegen größtenteils im Norden der New Territories, die vielleicht schönsten bei *Sheung Shaui*. Da steht eine Ahnenhalle, die 1751 vom Liu-Clan errichtet wurde: geschwungene Dächer, geschnitzte Säulen, farbenfrohe Mauern, delikate Porzellanfigürchen auf dem Dach. Was mögen sie da drinnen mit den goldverzierten Täfelchen in ihrer Familiengeschichte gefeiert, wovor

sich gefürchtet, wofür gebetet haben? Waren endgültig die Rivalen der anderen Sippen abgeschüttelt, hatte der Enkel das kaiserliche Examen für den höheren Dienst bestanden? Hatte Choi-san, der Gott des Geldes, sein Füllhorn ausgeschüttet?

Einige unserer Freunde kehrten immer wieder in die New Territories zurück, vor allem die „ernsten" Hiker, die „professionellen" Wanderer. Der härteste Trail, benannt nach dem früheren Gouverneur Mac Lehose, führt fast hundert Kilometer lang durch die Territorien, unter anderem hinauf zu Hongkongs höchstem Berg, dem Tai Mo Shan (957 Meter) – zu hart, zu anstrengend für uns.

Wir schwärmen mehr für *Lantau*, doppelt so groß wie Hongkong Island, aber verglichen dazu geradezu menschenleer: Kaum mehr als 20 000 Menschen leben auf der Insel „Gebrochener Kopf", gegenüber weit mehr als eine Million am „Duftenden Hafen" von Victoria.

Man möchte es buddhistisch sagen: der Weg dorthin ist schon (teilweise) das Ziel. *Lantau* gehört verwaltungstechnisch zu den New Territories, wird im Sprachgebrauch gemeinsam mit der Perlenkette aller 260 Eilande, die zum Gebiet der Kronkolonie zählen, als „Outlying Island" bezeichnet: Inseln da draußen im Wind. Wer sie sich entgehen läßt, hat ein zentrales Stück Hongkong verpaßt, auf jeden Fall aber das „andere", das überraschende, weitgehend unbekannte Hongkong. Aber zurück zum „Weg" dorthin. Er führt ins „Ferry Land", zum Hafen, wo die ein- oder zweistöckigen schönsten öffentlichen Transportmittel Hongkongs bereitstehen: die *Kai to* genannten Boote. Da schaukeln alte Barken neben Sampans, da tuckern Doppeldecker neben Cargo-Booten, Sampans blähen ihre Segel neben Luftkissenfahrzeugen. Und immer geht an den Piers ein leichter, manchmal frischer Wind, zwischen Brise und Sturm, und trägt jedem den salzigen Geruch in die Nase.

Baywatch am Strand von Chüeng Wa, Lautau

die autofreie Insel Cheung Chau ist beliebtes Wochenendziel

Die Lantau Ferry Pier liegt nur wenige Schritte von der „Star Ferry" entfernt, die im Dreiminutenabstand zwischen Victoria und Kowloons Hauptanlegestelle verkehrt, auf dem Weg zur *Macao Ferry Pier*. Am Startpunkt zu den Trips in die portugiesische Kolonie (sie wird erst 1999 von der Volksrepublik verschluckt) kann man jeden Morgen aufgeregte chinesische Hausfrauen sehen. Und schwitzende, sich voll schlechtem Gewissen ständig umdrehende Männer, pockennarbige alte Chinesen: Alle auf dem Weg zum Tagesausflug ins große Glück, hinüber zu den Casinos, die auf britischem Gebiet verboten sind.

Nach *Lantau* aber geht's gemächlicher, und außer an Wochenenden ist das Boot selten voll. Die erste Klasse berechtigt dazu, sich jeden Platz auf dem zweistöckigen Dampfer auszusuchen. Die meisten Chinesen bevorzugen die extrem kalt eingestellte Aircondition des geschlossenen Oberdecks, die im Sommer jede Brille beschlagen läßt. Doch die schönsten Plätze sind die oben, im Freien. Auf einem Stuhl ausgestreckt, die Beine an die Reeling gelehnt, mit einem kalten Drink von der Bordbar versorgt, läßt sich Hongkong im Breitwandformat genießen: Langsam und mit vielen Richtungswechseln sticht der Dampfer in See, vorbei an der Kulisse der Wolkenkratzer, vom langsam verschwindenden Festland hinaus zum kurzen Zwischenstop auf der Insel *Cheung Chau*. Bald kommen dann die dunkelgrünen Hügel von *Lantau* in Sicht, mit den oft wolkenverhangenen Gipfeln. Und der Kapitän läßt die Sirenen häulen.

Wir nehmen an der Lantau-Anlegestelle von *Silvermine Bay* immer einen der Busse und lassen uns, in gemütlicher Halbstundenfahrt durch eine subtropische Vegetation, bergauf, bergab, zum schönsten Strand der Kronkolonie bringen: Nach *Cheung Sha Upper*, einem idyllischen drei Kilometer langen, feinsandigen

Küstenstreifen. Einige graue, von Meereswogen in Jahrtausenden glattgespülte Vulkanfelsen begrenzen den Strand, über den manchmal noch Kühe von den umliegenden Höfen traben. Nach einem erfrischenden Bad ziehen viele Tagesausflügler per Pedes weiter zum *Po-Lin*-Kloster mit seinem großen Buddha – wir hatten, privilegiert durch unsere Freunde, immer noch einen anderen Stop eingelegt.

Direkt über dem Strand waren in zwei Hütten, die sie sich mit großer Mühe wieder herrichteten, umgeben von einem Garten, Steve und Michael eingezogen. Auf ihrer Terrasse wartete stets ein gekühlter Weißwein – und der neueste Inseltratsch. So erfuhren wir von den beiden, daß auch ihr Paradies seine Schlange hatte, um es präziser zu sagen: Hunderte Schlangen, die über die Steine krochen, zwischen den Gräsern zischelten, sogar von Bäumen hingen. Die beiden Insulaner wurden, ausgestattet mit einem Fachbuch, zu regelrechten Schlangenexperten; sie schlugen mit Hilfe der herbeigerufenen Polizei pro Monat ein halbes Dutzend tot und „entsorgten" sie in einer nahen Abfallgrube. Bis ihnen eines Tages ein Polizist vom Angebot der Lantau-Restaurants erzählte: Die Köche holten in der Wintersaison die Schlangen ab und bezahlten sogar noch dafür – die Tiere wanderten als Delikatesse anschließend in den Kochtopf.

Der Bus ächzt von der Küste in zahlreichen Kehren immer höher hinauf, zu dem 460 Meter hohem Kloster, das „kostbarer Lotus" heißt. Früher reichten die buddhistischen Mönche ein billiges und extrem schmackhaftes Mittags- und Abendmenü (nur Vegetarisches), aber seit ihre heilige Stätte noch eine zusätzliche Touristenattraktion gewonnen hat und die Reisegruppen zu Dutzenden kommen, haben sie vor dem Massentourismus kapituliert. Sie haben sich zurückgezogen, um in ihren Pavillons und am Lotusteich allein zu beten und zu essen. Bei der neuen Sehenswürdigkeit handelt es sich schon wieder um ein Hongkonger Rekordprojekt: 1993 wurde neben dem Kloster auf dem Muk-Yu-Hügel die größte, unter freiem Himmel stehende Buddhastatue der Welt eingeweiht – ein bronzener Koloß, 34 Meter hoch, 250 Tonnen schwer und 14 Millionen Mark teuer.

Das Monument sorgte bei seiner Konstruktion in der politisch sensibilisierten Stadt für hochgezogene Augenbrauen: Die heilige Monströsität ruht auf einem Sockel, der dem Unterbau des Himmelstempels (*Tian-Tan*) in Peking nachgebildet wurde.

Die innere Konstruktion wurde – laut dem katholischen Architekten Peter Ng Pin-kin, der New Yorker Freiheitsstatue nachempfunden. Unter den 10 000 Gästen bei der buddhistischen Einweihungsfeier 1993 waren auch zwei Herren, deren Wege sich sonst selten kreuzen: als Repräsentant der anglikanischen Kirche Gouverneur Chris Patten, als Vertreter der Volksrepublik China der höchste Mann Pekings in der Kronkolonie, *Xinhua*-Direktor Zhou Nan.

Der Volkschinese verweigerte dem Briten den Händedruck und nutzte seine kurze Ansprache zu einer politischen Botschaft: Der Buddha, durch Spendengelder „aus Hongkong und von Festlandchinesen" finanziert, sei ein „Symbol für die Einheit der chinesischen Nation – designed in Hongkong, made in China". Buddhas Blick sei gen Norden gerichtet, und so sei er zugleich Sinnbild der „Loyalität" der Hongkong-Bevölkerung gegenüber ihrem Vaterland. Patten stand mit versteinertem Gesicht daneben und meinte anschließend ironisch: „Ich vermute, Herr Zhou ist Buddhist". Daß Pekings Mann „stets eine Politik der Religionsfreiheit betrieben" habe, sei ihm so nicht bekannt gewesen. Er freue sich aber über die Zusicherung, daß es diese Religionsfreiheit auch noch 1997 gelten werde.

Nicht in der Mittagshitze, nicht im Hochsommer, sondern an einem frühen, kühlen Morgen sollte man den Weiterweg zum Lantau Peak (934 Meter) antreten, eine schweißtreibende Angelegenheit von über tausend Stufen, steil in den Berg gehauen. Oben zwischen kargem Schilfgras, Schmetterlingen und Wolkenfetzen, entschädigt ein grandioser Rundblick: Im Westen das kleine Lantau-Dorf *Tai O*, mit seiner per Hand gezogenen Minifähre und den unscheinbaren, aber hervorragenden Restaurants lange ein Geheimtip – bis auch hier die Modernität einbrach. Zu sehen ist auch weiter rechts, in Form einer riesigen, künstlich aufgehäuften Landmasse, aus der Pfeiler hinüber Richtung New Territories reichen, eine der größten Baustellen der Welt. Vorgelagerte Inseln sind plattgewalzt und um 1669 Hektar Neuland, dem Wasser abgetrotzt, „ergänzt"; zehn Tonnen Erde werden jede Sekunde bewegt, zwei neue Brücken werden aus dem Boden gestampft. Die größere, *Tsing Ma*, schlägt mit 200 Meter Höhe und einer Länge von 1377 Metern, San Franciscos Golden Gate bei weitem. 35 Millionen Passagiere und drei Millionen Cargo sollen hier ab 1998 jährlich „durchgeschleust" werden, wenn *Chek Lap Kok* den längst überlasteten und aus allen Fugen brechenden bisherigen Flughafen *Kai Tak* endgültig ablöst – bis zu 87 Millionen Passagiere könnten es im nächsten Jahrtausend werden. Deutlich zeichnen sich schon jetzt von hier oben die Landebahnen ab.

Weiter Richtung Norden geht der Blick übers Festland, bis hinein in die Volksrepublik. Ganz im Dunst, hinter den Hügeln der Territories, ist die Skyline einer Zukunftsstadt zu erahnen: Shenzhen, unmittelbar hinter der Grenze gelegen, von Hongkong mit der MTR-Schnellbahn in weniger als einer Stunde zu erreichen; für Tagesausflüge braucht man nicht einmal mehr ein Visum.

Die „spezielle Wirtschaftszone" *Shenzhen*, in der Peking seit knapp zwei Jahrzehnten auch ausländischen Firmen Sonderrechte einräumt und Gewinne größtenteils unversteuert abschöpfen läßt, ist mit dem Großraum Hongkong zusammengewachsen. Was noch in den Sechzigern ein verträumtes Dorf war, hat sich zur Millionenstadt entwickelt, in der viel billiger produziert werden kann, als in der Kronkolonie. Von Shenzhen aus haben Hongkong-Unternehmen längst ihre Fühler nach ganz Südchina ausgestreckt, und inzwischen auch ins Landesinnere. Die „kommunistische" Boomtown dient den Reichen mit ihren Tausenden Prostituierten und Hunderten Bars als Rotlicht-Bezirk; und in einem Dorf unweit Shenzhens halten sich viele Hongkong-Chinesen ihre volkschinesischen „Zweitfrauen". Die *Tai-tais* sind jenseits der Grenze billiger und anspruchsloser als in der Kronkolonie.

Der Blick eine Spur nach rechts: Kowloon ist deutlich zu sehen von hier oben, und Victoria, weiter östlich gelegen. Die Wolkenkratzer wirken als wollten sie sich gegenseitig zusammendrücken. Silbrig- oder goldfarbene Bauwerke, die von Sonnenstrahlen in Flammen gesetzt scheinen, die über dem Wasser rot aufleuchten. Inseln aller Größenordnung, bucklig oder langgestreckt,

heben sich im Dunst wie von Zauberhand aus dem Meer. Südöstlich *Cheung Chau*, wo – von oben nicht einmal spielzeuggroß – wieder eine der Fähren nach Victoria ihren Zwischenstop einlegt.

Cheung Chau quillt fast über von Sampans, Dschunken und kleinen Booten in seiner Bucht. Überall Häuser, die Insel ist dicht besiedelt, aber autofrei. Einer der berühmtesten Piraten, Cheung Po Chai, hatte hier sein Versteck, und die Höhle, in der er sich mit seiner englischen Freundin verbarg, kann noch immer besichtigt werden. Den Freibeutern verdankt die Insel auch ihr größtes Fest. Als Mitte letzten Jahrhunderts Gebeine gefunden wurden, vermutete man, sie stammten aus einem Kampf zwischen rivalisieren-

den Banden und befürchtete ein schlechtes Omen. So war es: Über Jahre wurde Cheung Chau von schwer erklärlichen Schicksalsschlägen heimgesucht, merkwürdigen Stürmen, Bränden, Epidemien. Ein daoistischer Priester wies den Weg aus dem Unglück: Er empfahl, die „ruhelosen Geister" der Toten mit Opfern zu beruhigen; so entstand das *Ching Chiu* oder Glücksbrötchen-Festival, jedes Jahr gefeiert zehn Tage nach dem dritten Mond (etwa Anfang Mai). Während des Festes dürfen die Insulaner kein Fleisch essen, und ihre Boote können auch nicht zum Fischfang hinausfahren. Sie sollen kantonesischen Opern lauschen und Türme aus eßbaren „Buns" bauen, die wie Bambusstangen in die Luft gestreckt werden, um die Geister zu beruhigen: Je länger die Brotstöckchen, desto größer die Chance auf ein glückliches Jahr. Längst ist aus der großen Fiesta eine Attraktion geworden, deren Ursprünge die meisten vergessen haben. Aber „Bun" bringt Geld auf die Insel, und von Katastrophen oder unglücklichen Seelen ist schon lange nicht mehr die Rede.

Jenseits von Cheung Chau, noch näher an Hongkong Island, liegt die dritte der „populären" Hongkong-Inseln: *Lamma*, wegen seiner vermutlich extrem frühzeitigen Besiedlung auch „Steinzeit-Eiland" genannt. Die grünen Hügel, die schönen Buchten und die – bis jetzt noch – erschwinglichen Hauspreise haben *Lamma* bei Geschäftsleuten wie Journalisten zu einer beliebten Wohnalternative gegenüber Midlevels und Kowloon gemacht; die Fahrt nach Central mit der Fähre dauert nur 40 Minuten, allerdings geht die letzte Verbindung schon um 22.00 Uhr. Nichts für Leute, die lange Termine im Geschäftsviertel oder mal Lust auf einen Nachtclubbummel haben.

Bevor die Wolken nun näher kommen und den Abstieg vom Lantau-Peak ungemütlich machen, ein letzter Blick hinaus zu den restlichen Inseln, dem wahrhaftig „anderen" Hongkong. Die ganz überwiegende Zahl der Hongkong-Menschen kennt keines dieser windumtosten Eilande, deren Charme rauh, deren Stimmung melancholisch ist: Sie werden zu Geisterinseln, denn die letzten der Fischerfamilien, die sich vor Generationen auf ihnen niedergelassen hatten, verlassen die unwirtlichen Plätze und suchen sich ein bequemeres Leben.

Auf *Po Toi* harrt noch eine kleine Fischerkommune aus, zusammengeduckt unter den zackigen, aus dem Meer herausragenden Bergen. „Po Toi ganz schlecht, sehr schmutzig. Rauhe See, lausiges Fest, schlechtes Essen. Warum wollen Sie dorthin?" läßt John Le Carré in seinem Fernostroman „Eine Art Held" einen unwilligen Fischer fragen. Und kaum ein Fährmann will auch nach *Ping Chau* im Nordosten der Kronkolonie. Dort lebte zu „unserer Zeit", Anfang der achtziger Jahre, noch der alte Yuen, in einem verfallenen Haus neben dem Grab seiner Frau, mitten in der Wildnis, allein mit seinen Erinnerungen. Längst ist auch er dahingeschieden, der Ort eine Geisterinsel. Dächer sind eingefallen, Grabsteine überwuchert: Die Natur holt sich das Eiland zurück.

Und so geschieht es auch auf *Waglan*, 22,11 Grad Nord, 114,18 Grad Ost, am Ende des britischen Empires. Auf der Insel im Süden, am äußersten Rand der Kronkolonie, steht ein Leuchtturm, 223 wind- und meerumtoste Treppenstufen hoch.

Die Ränder des britischen Weltreichs waren immer durch seine Lichter, durch seine Leuchtfeuer bestimmt. „Wenn sie sich auf ihre Eroberungsreisen um den Weltball begaben, mal annektierend, mal schützend und überall kolonisierend, wanderten die Ingenieure des *Imperial Lighthouse Service* mit ihnen. Sie errichteten riesige Granitgebäude auf Felsenriffen und an einsamen Kaps, um ihre Handels- wie ihre Kriegsschiffe zu ihren Kolonien zu geleiten", schreibt der Schriftsteller Simon Winchester. Die meisten dieser Leuchttürme, es waren mal über tausend an der Zahl, sind so verwittert und in Vergessenheit geraten wie das gesamte Welt-

reich. Oder sie schleudern ihre Signale für andere, neue Mächte hinaus in die Nacht. Nur einige dieser britischen Außenposten sind übriggeblieben, Relikte einer vergangenen, glorreichen Epoche: Cape Pembroke im Osten der Falkland Inseln im Südatlantik vor Argentinien; Sombrero Rock in der Nähe von Anguilla in der Karibik; Bounty-Fels bei Pitcairn in Ozeanien. Und Waglan Lighthouse, das letzte imperiale Licht – dort wo China anfängt.

„Eine Woche Dienst, eine Woche Freizeit", erläuterte uns Mitte der achtziger Jahre Leuchtturmwärter Wong seinen Dienst, zeigte stolz auf die Kupferglocke mit der Aufschrift „1 Light House, 1893" am Turm. Er deutete auf die 1500-Watt-Birne, die 16 Kilometer weit für die Schiffe zu sehen war, auf das Teleskop, mit dem er die Schiffe bei der Annäherung beobachtete. Dann verständigte Wong das *Royal Observatory* mit dem letzten Wetterbericht aus seinen Aufzeichnungsgeräten, denn auch das war Waglan: eine der rund drei Dutzend Beobachtungsstationen der Kronkolonie für Taifune. Er reichte Tee, starken Tee, serviert in Plastikbechern, und ging dann zu den traurigeren Nachrichten über: Die Station würde „entmannt". Dann würden nur noch die Geräte arbeiten – ein trauriger Tag stünde bevor. Damals schon war die Rede von der kommenden Kooperation mit der Volksrepublik und nun, wenige Monate vor der Übergabe der letzten bedeutenden Kolonie des Königreichs, ist die Gemeinschaftsarbeit mit den Volkschinesen mehr als beschlossene Sache: Die Wetterstation *Huangmao Zhou*, in Pekings Gewässern, arbeitet in Koproduktion mit der *Royal Observatory*.

Es wird keine Übergabezeremonie geben auf Waglan, am Tag der Tage, dem 1. Juli 1997. Die Leuchter des menschenleeren Eilandes werden ihre Richtstrahlen hinausschicken, wie immer, für immer. Das Licht am Ende des Empire erlöscht; Waglan sendet mechanisch weiter. Man kann nicht einmal sagen, die von hier weggegangen sind, hätten das Licht ausgeknipst. ◄

Wochenendausflug der Kwoks auf die Insel Lamma

ein paar Stunden später hoffnungslos überlaufen: Repulse Bay

Fischerboote im Hafen von Cheung Chau

alle Stunde verläßt eine Fähre die Insel in Richtung Central

ein Orakel bestimmt das Datum des Bun-Festivals von Cheung Chau

Prozession der „schwebenden Kinder", Brötchenfest

Chinesische Wanderoper, eine Bühne aus Bambus und Wellblech

128

Kantonoper: Pantomime, Gesang, Akrobatik, Schauspiel, Tanz

Make-up und Gesichtsfarbe verraten den Charakter der Rolle

Kantonoper in Cheung Chau, das gesellschaftliche Ereignis

Einheitsschnitt oder Sonderwunsch? Friseursalon in Tai O

Sampan - Water Taxi in der Pfahlsiedlung Tai O

Seafood - Restaurant in der Clearwater Bay

Hafenpier von Sok Kwun Wan, Lamma Island

ein Steinbruch zerstört die Ruhe von Lamma Island

Kloster Polin auf Lantau, 1920 von 3 Mönchen gegründet

„Golden Buddha" von Po Lin, 26 Meter hoch, 270 Tonnen schwer

nach 10 Stunden auf dem Lantau Trail am Ziel: Polin

DIE BILDAGENTUR DER FOTOGRAFEN GMBH

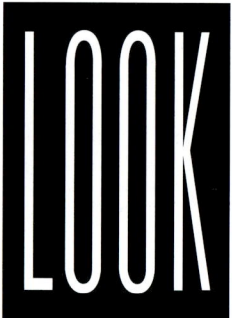

LOOK

📷:

Aldo Acquadro
Hauke Dressler
Heinz Endler
Erwin Fieger
Max Galli
Jan Greune
Christian Heeb
Karl Johaentges
Bernhard Limberger
Michael Martin
Rainer Martini
Bernd Müller
Karl-Heinz Raach
Jürgen Richter
Hellmut Rüffler
Ulli Seer
Oliver Spies
Janos Stekovics
Florian Werner
Uli Wiesmeier
Konrad Wothe

Kapuzinerstraße 9 D
80337 München
Tel.   089/544 233-0
Fax   089/544 233-22
ISDN   089/544 233-33
E-Mail 101530.3616

Danke!

Mein besonderer Dank gilt Chun und Chan K. K. Kwok und ihrem Sohn Chantung. Seit den Tagen meiner Weltreise waren ihre diversen Wohnungen (so eng sie auch gewesen sein mögen) auch immer mein Zuhause in Hongkong. Ann Prescott möchte ich von Herzen danken. Ganz persönlich hätte ich dies auch gerne bei ihrem Mann getan – und kann es nicht mehr: Jon Prescott, 1982 mein geduldiger Chef im Architekturbüro PSDG, ein Gentleman im wahrsten Sinne des Wortes und für mich Vorbild im Streben Mensch zu bleiben, verstarb 1995 an einem Krebsleiden. Danken möchte ich auch der LUFTHANSA für die Unterstützung bei Flügen und meiner Fotoausstellung „Pictures from Hong Kong" (Dezember 1996) im FRINGE CLUB. Mein Dank für die Vorbereitung dieser Ausstellung geht vor allem an Lisa Chueng und Janice Wong. Die Hongkong Tourist Association (Stephan Wong, Karisa Lui, Claire Lau und in Deutschland Dieter Jacobs) vermittelte Gesprächspartner, öffnete Türen und stellte mir – wenn die Kommunikation einmal zu schwierig wurde – Dolmetscher zur Seite. Mein persönlicher Dank geht auch an: Linda und C. K. Tong, Uli Franz, Kathrin Eve, John Li, Margarete Williams, Mark Paintstone, Edith Lee, John Lau, Sian Griffiths, Ivan Yueng, Carole L. Klein, Carrie Kwan, Christian Personn, Sung Siu Kwong, Choi Park Loi, Wong Hing Wah, Juergen und Susann Thomsen, Mandy Lo, Christine Liao, Franz + Moni Hahn. Von den Partnern aus der Produktion möchte ich vor allem Klaus Druhmann für seinen unermüdlichen Einsatz danken. Und nicht zuletzt ein Dankeschön an Jackie für ihre Kritik und Ermutigung.

Marieanne und Erich Follath

kennen Hongkong schon fast seit einem Vierteljahrhundert. Sie lebten von 1980 bis 1985 in der Kronkolonie und sind seitdem mindestens einmal jährlich dort zu Besuch. Viele ihrer Freunde leben in der Stadt, die sie als „zweite Heimat" betrachten.

Marieanne Follath arbeitete in Hongkong für die UNO-Flüchtlingshilfe in den vietnamesischen Lagern und schrieb als freie Autorin zahlreiche Artikel über ihre Erfahrungen, unter anderem für *GEO* und *Merian*. Sie ließ sich bei chinesischen Ärzten in Akupressur ausbilden und erwarb darüber hinaus Zertifikate als fortgeschrittene Taichi-Schülerin und diplomierte Chinesisch-Köchin. Beim Hamburger Rasch und Röhring Verlag erschien 1990 ihr Buch „*H wie Heroin*" mit Protokollen von Drogensüchtigen und Gesprächen mit deren Eltern.

Dr. Erich Follath promovierte 1974 in Stuttgart mit einer Arbeit über die chinesischen und indischen Medien. Er schrieb dann als *STERN*-Korrespondent für Asien mit Sitz in Hongkong zahlreiche Titelgeschichten und Reportagen über die Kronkolonie und andere Regionen des Fernen Ostens. Zu seinen Buchveröffentlichungen gehören *Nippon – Der „Superstaat" Japan* (1984), *Die letzten Diktatoren* (1991, Rasch und Röhring Verlag) und *Bill Clinton – Vom Vorbild zum Verlierer* (als Herausgeber und Ko-Autor) (1994, Knaur Taschenbücher). Nach einer zweijährigen Tätigkeit als Korrespondent in New York und einer Gastdozentur in Boston als *Fellow* der *Woodrow Wilson Foundation* arbeitete er als Autor. Seit 1995 leitet Erich Follath das Auslandsressort des Nachrichtenmagazins *DER SPIEGEL*.

Karl Johaentges

Nach seinem ersten Erfolgsbuch „*Bilder einer Weltreise*" und der erfolgreichen Gründung seines KaJo-Verlages brachte er in Zusammenarbeit mit seiner australischen Partnerin Jackie Blackwood sowie anderen Fotografen und Autoren bislang 19 Bildbände heraus. Drei seiner Bildbände wurden mit einem Kodak-Fotobuchpreis ausgezeichnet. Den Beruf des Architekten hat Karl Johaentges an den Nagel gehängt und arbeitet seit über 10 Jahren als Fotograf und Verleger in Hannover.

Der heutige Profifotograf kennt Hongkong seit nunmehr über 20 Jahren. Im Jahre 1976 kam er erstmals als Tourist auf dem Weg in die VR China nach Hongkong. 1982 arbeitete der Diplom-Architekt im Verlauf seiner 3jährigen Weltreise 8 Monate in einem britischen Architekturbüro der Kronkolonie. Seitdem haben ihn seine Reportagen für deutsche Magazine (u. a. Merian, Brigitte, Cosmopolitan, Globo, GeoSaison) und die Arbeit für diesen Band häufig nach Hongkong geführt. 1990 gründete er mit 18 weiteren Fotografen die *Bildagentur der Fotografen LOOK* in München (Tel: 0 89-54 42 33-0), die seitdem sein gesamtes Bildmaterial archiviert und anbietet. Im Herbst 1996 gab er seine verlegerischen Aufgaben an den Stürtz Verlag in Würzburg ab, um sich wieder verstärkt herausgeberischen Herausforderungen und vor allem der Fotografie widmen zu können.

Tips

Die beste **Jahreszeit** für eine Reise nach Hongkong sind die Monate von Oktober bis Dezember (sonnig und angenehm kühl). Von Januar bis März ist der Himmel meist verhangen und es ist naßkalt. April und Mai sind wieder sonniger, aber schon heiß, danach beginnt die unerträglich schwüle Regenzeit und Taifunsaison.

Alle großen **Airlines** fliegen Hongkong an. Empfehlenswert sind die Non-Stop-Flüge (12 Stunden) von Cathay Pacific und LUFTHANSA. Ankunft morgens, die Abflüge liegen kurz vor Mitternacht. Deutsche, Schweizer und Österreicher mit gültigem Reisepaß benötigen für Hongkong kein Visum. Die Aufenthaltsgenehmigung beträgt einen Monat und kann in der Regel durch einen Kurzbesuch in Macao oder Kanton unbürokratisch verlängert werden. Beim Abflug sind 50 HK$ zu zahlen. Mit der Abflugzeit ist nicht zu spaßen. Die Eincheckschalter schließen kompromißlos 40 Minuten, die Gates 10 Minuten vor Abflug. Bis 1997 landen alle Flugzeuge auf dem stadtnahen Kai Tak Airport in Kowloon, ab 1997/98 auf dem neuen Flughafen Chek Lap Kok auf der Insel Lantau. (Falls Sie gerne mit der Eisenbahn anreisen möchten, empfehlen wir einen Blick auf unser Buchprogramm, S. 144, „Lissabon–Hongkong mit der Eisenbahn".)

Vom Flughafen fahren Flughafenbusse die wichtigsten Hotels an. Die Linie A 1 bedient Tsimshatsui und die Linien A 2 und A 3 die Insel Hongkong. **Taxifahrten** sind erheblich billiger als in Deutschland. Allerdings sprechen nur die wenigsten Fahrer Englisch und verstehen nur die Namen der großen Hotels und einiger Sehenswürdigkeiten. Deshalb ist die Adresse des eigenen Hotels in chinesischen Schriftzeichen immer hilfreich. Bei Durchquerung eines Hafentunnels ist die doppelte Gebühr (40 HK$) zusätzlich zu zahlen. In öffentlichen Bussen und der Tram ist das Fahrgeld abgezählt (kein Wechselgeld!) beim Einsteigen oder Aussteigen zu entrichten. Für Fahrten mit der U-Bahn (MTR) empfiehlt sich der Kauf einer Magnetwertkarte, von der jede Fahrt beim Durchqueren der Sperren automatisch abgebucht wird.

Bargeld und Schecks können Sie in dieser Finanzmetropole fast rund um die Uhr eintauschen. Der Kurs des HK-Dollars ist an den US$ gekoppelt und liegt zur Zeit bei etwa 5 HK$ für eine Deutsche Mark.

Schon auf dem Flughafen zu wechseln, empfiehlt sich nicht. Dort wird zwar mit fehlenden Wechselgebühren geworben, der Kurs ist allerdings miserabel. In Hotels und Wechselstuben bekommen Sie meist schlechtere Kurse als in Banken. Die gängigen **Kreditkarten** werden fast überall akzeptiert und es gibt zahllose Geldautomaten, die nach Eintippen der persönlichen Geheimnummer reichlich Bargeld (Gebühren beachten) ausspucken. Einige Geschäfte schlagen beim Kauf mit Kreditkarten 2 % auf den Preis auf.

Telefonieren ist in Hongkong wesentlich billiger als in Deutschland. Ortsgespräche sind von privaten

Telefonen kostenlos, von Münzapparaten kosten sie 1 HK$. Die Hotels schlagen extrem hohe Gebühren auf. Von Hongkong ins Ausland wählt man für das Telefon (001) und das Fax (002) vorweg, gefolgt von (49) für Deutschland, (43) für Österreich und (41) für die Schweiz. Die Landesvorwahl von Hongkong lautet (00852). Achtung: Jede Rufnummer in Hongkong muß seit 1995 mit einer (2) beginnen. Falls diese fehlt, haben Sie noch eine alte Nummer.

Im Sommer gehen die Uhren 6 Stunden vor der **MEZ**, im Winter 7 Stunden. Für Hongkong sollte man sich mehr Zeit nehmen als 3 Tage. Erst dann lernen Sie diese Stadt kennen und lieben. Während eines Stopovers bleibt Ihnen nur Zeit für die Touristenzentren. Empfehlenswert sind vor allem Ausflüge auf die Insel, das „andere" Hongkong.

Die **Inseln** Cheung Chau, Lamma, Peng Chau und Lantau sind mit Inselfähren vom Outlying Ferries Pier (nur ein paar Schritte westlich der *Star Ferry* in Central) in etwa einer Stunde zu erreichen. Vom Fährhafen Mui Wo erreicht man in 25 Minuten den Sandstrand von Chueng Sha und in einer Stunde das Kloster Po Lin und den Golden Buddha. Für eine Wanderung auf dem Lantau Trail bis zum Buddha müssen Sie (gut trainiert) einen ganzen (anstrengenden, aber unvergeßlichen) Tag einplanen. Höchster Punkt ist der Lantau Peak mit 936 Meter über dem Meeresspiegel.

Empfehlenswert sind nicht nur Tagestouren zu den Inseln. Auch ein abendlicher **Gourmet-Trip** zur Insel Chueng Chau oder Lamma Island lohnt sich. Und die Rückkehr mit den Nachtfähren entlang der Kulisse Hongkongs ist atemberaubend schön. Am Pier dieser Inseln bieten zahlreiche Seafood-Restaurants mehr Qualität zu erheblich besseren Preisen als in Kowloon oder Wanchai. Als Grundregel gilt: Der Preis sagt nicht unbedingt etwas über die Qualität aus, ein mit Einheimischen gefülltes Restaurant offenbart mehr über die Leistung als eine schöne Speisekarte. Auf keinen Fall sollten Sie das chinesische „Frühstück" Dim Sum versäumen. Hier bedarf es keiner Speisekarte, man darf in die (vorbeigetragenen) Bambustöpfe schauen und schon stehen die Köstlichkeiten auf dem Tisch.

Angst vor **Kriminalität** ist unbegründet. Hongkong ist für Touristen eine der sichersten Großstädte der Welt. Auch Frau muß sich nachts auf der Straße nicht vor Angriffen fürchten. Allerdings: Achtung vor Taschendieben im Gedränge!.

Für die Reisevorbereitung sind vor allem der APA-Guide HONGKONG, auch der Reiseführer „Hongkong – entdecken und erleben" von Abenteuer & Reisen und die Hongkong-Sonderhefte von GEO, MERIAN und ADAC-Special hilfreich. Die beste Karte ist die vom NELLES-Verlag (1:22 500). Sie ist übersichtlich und detailliert.

Vom Fremdenverkehrsbüro Hongkongs erhalten Sie auf Anfrage sehr gutes Informationsmaterial:
Hong Kong Tourist Association (HKTA)
Humboldtstraße 94
60318 Frankfurt
Telefon: 069/959 12 90, Fax: 069/5978 50

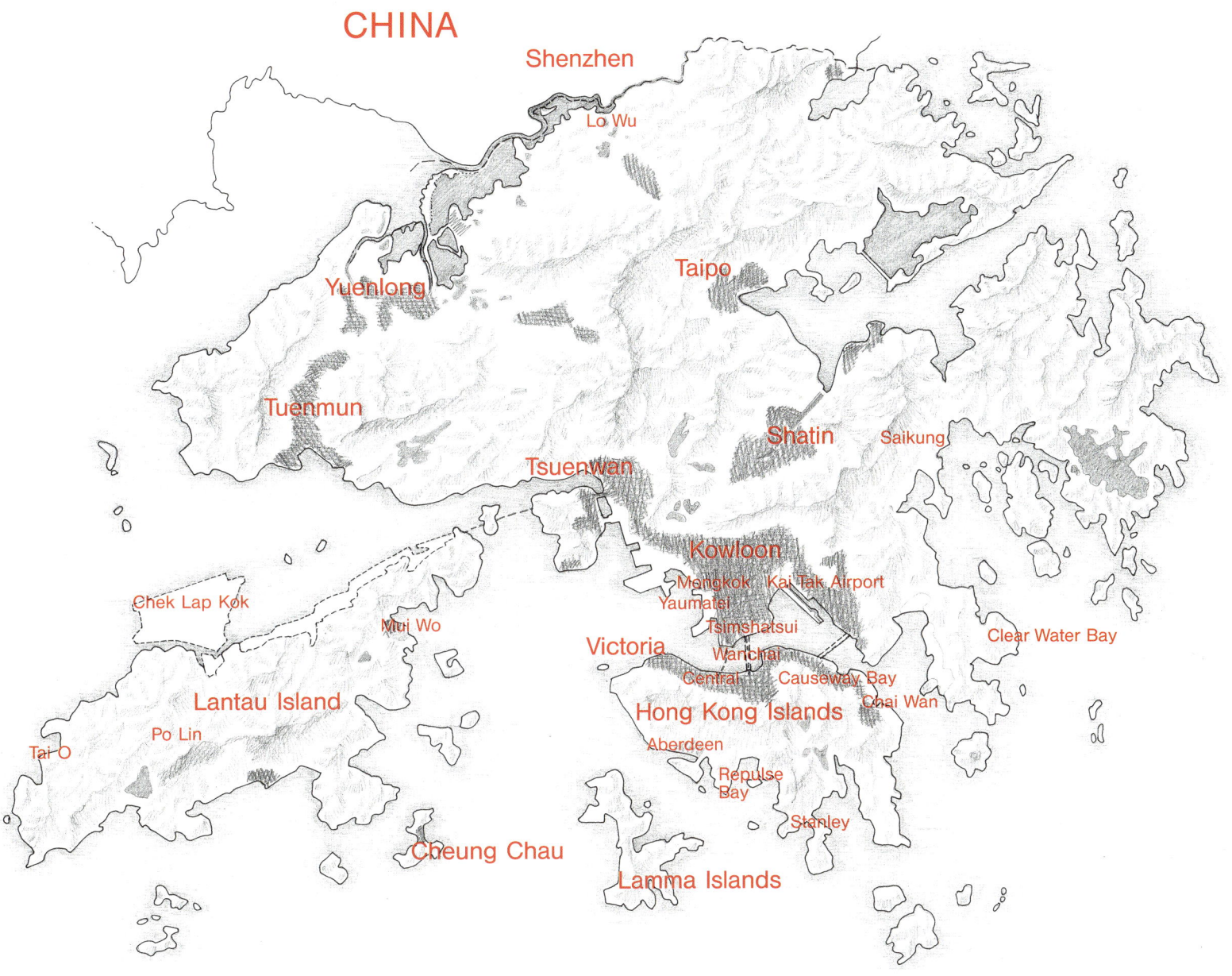

CHINA

Shenzhen

Lo Wu

Yuenlong

Taipo

Tuenmun

Shatin

Saikung

Tsuenwan

Kowloon

Chek Lap Kok

Mui Wo

Mongkok   Kai Tak Airport

Yaumatei

Tsimshatsui

Victoria

Wanchai

Clear Water Bay

Lantau Island

Central

Causeway Bay

Chai Wan

Hong Kong Islands

Po Lin

Aberdeen

Tai O

Repulse
Bay

Stanley

Cheung Chau

Lamma Islands